話說淡水
淡水を旅しよう

中文. 日文對照

中国語・日本語注解

編著 / 吳錫德　　翻譯 / 李文茹　　插畫 / 陳吉斯

淡江大學出版中心

市長序

淡水擁有秀麗的河海景觀、豐富的人文意象，素為臺灣的代表性據點之一，也是許多人心靈的原鄉。回顧歷史，淡水曾經是臺灣的第一大港，也是北臺灣最早接觸到西方文明之處，而幾百年發展的沉澱，也造就淡水今日「世界遺產潛力點」的實力。新北市政府一定盡全力讓這片土地上的珍貴資產，能得到妥善的保存，讓更多人能意識到文明累積之不易，進而去探究巍峨建築背後，所蘊藏著一則又一則的動人故事。

自 1950 年在淡水創校迄今已逾一甲子的淡江大學，是臺灣相當重要的高等學府，孕育無數優秀人才。由淡江大學來出版《話說淡水》多語導覽手冊，可以說是再洽當也不過，這本手冊包含英、西、法、德、日、俄等不同外語的譯本，展現國際化、資訊化及未來化的教育觀，可以幫助國際友人了解淡水，更可以提高淡水的國際能見度。

值《話說淡水》付梓之際，期待本書成為世界各地人士深入認識臺灣的入門磚，也藉由淡水豐富資源之躍然紙上，呈現新北市的地靈人傑，鼓勵人們積極探訪這座無盡藏的美麗城市。

新北市 市長 朱立倫

市長より

　美しい河岸の景色、豊かな歴史と文化を擁する淡水は、昔から台湾を代表する都市の一つであり、大勢の人たちにとっての心の故郷でもあります。振り返ってみれば、ここはかつて台湾での最大規模の港であり、北台湾において最も早くから西洋文明に接触した場所でもあり、それらが数百年にわたって発展した結果、淡水の世界遺産としての潜在力を作り上げました。より多くの人たちに文明の蓄積の貴重さを認識してもらい、建築物の背後にある感動の物語を探究していただくためにも、新北市はこの土地にある大切な資産を、全力を挙げて保存するよう尽力する所存です。

　1950年に淡水で開校した淡江大学は今日において60年以上の歴史をもっています。これまで数多くの優秀な人材を育んできた、台湾でも重要な高等教育機関であるこの大学が、このたび、多言語ガイドブック『話説淡水』を出版する運びとなりました。英語を初め、スペイン語、フランス語、ドイツ語、日本語、ロシア語などの言語に翻訳されたこのガイドブックは、淡江大学の国際化、情報化、未来化といった教育観をあらわしています。今回の出版は、外国人の淡水の歴史への理解を深める手助けとなるほか、淡水の国際的な知名度を上げることになるでしょう。

　上梓にあたって、『説話淡水』が、台湾を深く知ろうとする外国の方々にとってよい入門書となるよう期待すると同時に、本のなかで生き生きと描かれた淡水の豊かな資源が、多くの方々をこの美しい街に誘う力となることを願います。

新北市 市長

目次

01：歷史上的淡水　　　　　　　　　04

02：渡船頭　　　　　　　　　　　10

03：紅毛城　　　　　　　　　　　16

04：馬偕、教會、學校　　　　　　22

05：觀音山　　　　　　　　　　　28

06：淡水河岸　　　　　　　　　　34

07：淡水老街　　　　　　　　　　40

08：殼牌倉庫　　　　　　　　　　46

09：滬尾砲台　　　　　　　　　　52

10：漁人碼頭　　　　　　　　　　58

11：紅樹林　　　　　　　　　　　64

12：淡水小吃　　　　　　　　　　70

13：淡水藝文　　　　　　　　　　76

14：淡江大學　　　　　　　　　　82

15：淡水河岸自行車道　　　　　　88

目次

01：淡水の歴史　　　　　　　　　　　　　98

02：渡船場　　　　　　　　　　　　　　106

03：紅毛城　　　　　　　　　　　　　　114

04：教会、学校　　　　　　　　　　　　122

05：観音山　　　　　　　　　　　　　　130

06：淡水河岸　　　　　　　　　　　　　138

07：淡水老街　　　　　　　　　　　　　146

08：殻牌倉庫　　　　　　　　　　　　　154

09：滬尾砲台　　　　　　　　　　　　　162

10：漁人ふ頭　　　　　　　　　　　　　170

11：紅樹林　　　　　　　　　　　　　　178

12：淡水小吃　　　　　　　　　　　　　186

13：淡水の文化活動　　　　　　　　　　194

14：淡江大学　　　　　　　　　　　　　202

15：河岸サイクリングロード　　　　　　210

基隆河

淡水河

浮洲

金公路

淡江大學

水源路

紅樹林站

紅樹林生態展示館

竹圍站

關渡橋

中正東路

學府路

英專路

淡水捷運站

淡水文化園區-殼牌倉庫

Tamsui
01

歷史上的淡水

淡水，台灣最富傳奇色彩的山城河港。數百年來，接納一波波
來自南海及中國大陸的移民，人來人往，蒼海桑田。

這些豐富有趣、變化萬千的時空故事，直到今天都仍然保留著
彌足珍貴的痕跡。從淡水對岸的觀音山頂上眺望，在長河、山
丘與大海之間，淡水迷人的「山城河港」特色一覽無遺。三百
年前的古城堡、傳統的老街古廟、異國風情的洋樓、豐富多樣
的美景，甚至岸邊急駛而過的捷運班車，還有悠閒漫遊的自行
車群……這一切既幸福，又愜意！

淡水在哪裡？

淡水在台北盆地西北方，濱臨台灣海峽，為淡水河的出海口。東邊與台北市北投相接，北與三芝為鄰，南方則隔淡水河與八里對望。境內多為大屯火山的餘脈散佈，是為五虎崗。只有南邊沿淡水河岸有狹小的平原。

新淡水八景

1. 埔頂攬勝（紅毛城一帶之埔頂地區）
2. 大屯飛翠（大屯山）
3. 沙崙看海（沙崙海灘）
4. 水岸畫影（淡水河岸）
5. 紅樹傍橋（紅樹林、關渡大橋）
6. 河口霞天（淡水河口）
7. 觀音水月（觀音山）
8. 滬街訪古（淡水老街）

「淡水」的由來

據歷史學者陳宗仁考證，古時中國船隻航行各地必須補充淡水，「淡水」意指可停留補充淡水之地。17 世紀，西方殖民勢力進入東亞，台灣位居東亞貿易轉運點，做為北台灣重要河港的淡水其地位更形重要。「淡水」之名亦紛紛出現於當時西方人編製的地圖與文獻典籍中，常見拼法有「Tanchui、Tamchuy」（西班牙語）、「Tamsuy」（荷蘭語）等。這些皆由「淡水」音轉而來，顯見至 17 世紀當時「淡水」一名已被接受成為慣稱，而當時「淡水」的範圍泛指淡水河口附近海面、淡水港及其周邊地域。

「滬尾」之意

滬尾為淡水古名，關於「滬尾」地名由來概有四說：（一）滬魚說、（二）魚尾說、（三）石滬說、（四）原住民音轉說。歷史學者張建隆撰有〈滬尾地名考辨〉一文，指出一份繪於雍正年間的《臺灣附澎湖群島圖》，圖中可見淡水營西方標有「滬尾社」之名，進一步證明滬尾名稱是由原住民音轉而來。

尋奇對話

Q 這裡取名「淡水」還真有趣？

A 這個名字的由來有好幾種說法：一說是漢人船民能在這裡找到淡水，所以才這樣稱呼這裡。另一個古名叫「滬尾」（Hobe），應該就是這裡的最早原住民的名稱。

Q 繼漢人之後，還有哪些國家的勢力來過這裡？

A 最早是荷蘭人，接著有西班牙人、法國人、英國人，最後就是日本人。日本人因為打敗了清廷，獲得割地賠償，佔領台灣 50 年，直到 1945 年才還給漢人。

Q 現在這裡就是漢人的社會，人口幾乎都是漢人！漢人是什麼時間大量移入的？

A 這裡離中國大陸很近，最近的只有 130 公里。從 18 世紀起即已有大批大陸沿海的居民非法並大批遷移至此。淡水就是進入北台灣的唯一大港。清廷最後在 1885 年正式將台灣畫入版圖，設置省會。

Q 美國好萊塢電影公司曾在此拍製一部電影，片名叫做《聖保羅砲艇》（The Sand Pebbles），由史迪夫‧麥昆（Steve McQueen）主演？

A 是的。那是 1965 年在淡水拍攝的。這裡做為 1926 年中國大陸長江的背景。美國這艘船艦捲入中國內戰的故事。

Q 所以淡水應該有許多歷史古蹟？

A 是的。這裡有許多比台灣其他城市還更多、更豐富的古蹟。而且文藝活動也很活躍。現在更是北台灣重要的觀光及休閒城鎮。

Tamsui
02

渡船頭

淡水渡船碼頭是古代漢人移入北台灣的最大港口，早年這裡也是內河航運的轉口。二三百年前風帆點點，魚貫入港，人聲鼎沸的場景只留在畫冊或傳說裡。日據時代基隆港取代它的海運地位，1982 年關渡大橋通車後，渡輪逐漸沒落，僅剩淡水至八里的渡船仍繼續營運。藍色船身的機動交通船悠閒地來回兩地，一副與世無爭、世外桃源的景致。及至 2004 年浮動式碼頭完工，以及藍色公路的開闢，便利觀光小船停靠，銜接漁人碼頭、八里渡船頭、八里左岸或關渡碼頭，帶動全新且現代式的旅遊觀光潮。

淡水渡輪

淡水渡船碼頭是古代北台灣的主要
口岸，自古船來船往，絡繹不絕。
新式客船碼頭於 2004 年 7 月完工，
浮動式碼頭便利觀光小船停靠，帶
動淡水水運交通及觀光效益。

遊船銜接鄰近景點漁人碼頭、八里左
岸，不僅可以延伸遊玩範圍，更可從河上一覽陸地風光。傍晚時分，
夕陽灑落河面，波光粼粼，遠方的觀音山猶如一幅巨型的山水畫。在此
搭上渡輪，觀賞淡水河岸與遠方的關渡大橋，別有一番風貌。除了有山、
海、河、城的多重景觀，每到夕陽西下，河面變成了金黃色。夜晚，明
月映照河面，白色水光令人心搖神馳。

藍色公路

「藍色公路」的發想是開發淡水河及
基隆河的觀光河運，自 2004 年 2
月開航，目前已有 8 條內河航線，
載客量已超過 100 萬人次。沿途有
導覽說明，尤其可近距離觀看河面
生態，十分知性及愜意。另外，由
淡水出發，亦規劃有北台灣藍色公路及北海岸藍色
公路兩條海上藍色公路航線，是延伸淡水觀光範圍及提供更多元休閒旅
遊的設計。

為吸引日籍觀光客搭乘，更開發出全日語導覽行程。對岸台北港更規劃
有直航大陸福州的船班，以引進更多的陸客。

淡水夕陽

淡水山河交接，西向背東，每逢日落時分，浩浩江水映著滿天霞光，氣象萬千。自古不知引發多少騷人墨客歌詠，亦不知吸引多少畫家攝影屏息讚嘆。尤其每逢秋高氣爽時節，霞光鋪天蓋地而來，映著整座河岸城鎮，灑落在每個行人遊客身上，令人滿心幸福，流連忘返。

〈流浪到淡水〉

作詞、作曲 / 陳明章　編曲 / China Blue

有緣　無緣　大家來作伙
燒酒喝一杯　乎乾啦　乎乾啦
扞著風琴　提著吉他　雙人牽作伙　為著生活流浪到淡水
想起故鄉心愛的人　感情用這厚　才知影癡情是第一憨的人
燒酒落喉　心情輕鬆　鬱卒放棄捨　往事將伊當作一場夢
想起故鄉　心愛的人　將伊放抹記　流浪到他鄉　重新過日子
阮不是喜愛虛華　阮只是環境來拖磨
人客若叫阮　風雨嘛著行　為伊唱出留戀的情歌
人生浮沈　起起落落　毋免來煩惱　有時月圓　有時也抹平
趁著今晚歡歡喜喜　鬥陣來作伙　你來跳舞　我來唸歌詩
有緣　無緣　大家來作伙
燒酒喝一杯　乎乾啦　乎乾啦　（重覆三次）

尋奇對話

Q 到淡水真的很方便！從台北車站到這裡只花了 35 分鐘，而且沿途風景很不錯！

A 現在台北的捷運網越來越密集，越方便，可以吸引更遠方的旅客。所以每逢週末或假日，這裡可說「遊人如織」。

Q 除了捷運連接，其他交通路線好像也很方便。

A 從台北市區到這裡也可以走公路或水路。不過，對不開車的人來講，搭乘捷運是最方便的。捷運是 1997 年通車的，原先的路基是日本人興建的淡水火車支線，從 1901 年行駛到 1988 年。

Q 我們也可以搭船到淡水！

A 是的！2005 年起，旅客可以從台北舊市區大稻埕上船，一路遊覽到淡水，甚至到出海口的「漁人碼頭」。2007 年起，還可以搭乘一艘仿古的美式餐船「大河號」，一路吃喝休閒觀光到淡水！

Q 淡水好像人口也很多，而且年輕人特別多！

A 淡水區的人口有 15 萬餘人，實際應更多。因為有 5 所大學
之故，流動人口相當多。加上緊臨台北，交通便捷，房價
也比較低些，很多年輕夫婦就選在淡水定居。

Q 來此地觀光的旅客應該也很多吧？

A 「淡水夕照」一直是台灣八景之一，自古觀光旅客就很多。
目前它還是名列觀光客最喜歡一遊的十大觀光景點。淡水
地區每年吸引觀光客達 500 萬人次。

Tamsui
03

紅毛城

　　紅毛城，1628 年由當時佔領台灣北部的西班牙人所建。1644 年荷蘭人於原址予以重建。因漢人稱荷蘭人為「紅毛」，當地人習稱此地為「紅毛城」。鄭成功擊退荷蘭人，短暫經營此地，清廷亦加以整修，做為防禦要塞。1867 年被英國長期租用，當作領事館辦公地點，並於 1891 年在其後方建成一座維多利亞風格之建物，做為領事公邸。1972 年英國與我國斷交撤館，轉交澳大利亞及美國托管，一直到 1980 年，該城產權才轉到我國。紅毛城為台灣現存最古老的建築之一，也是國定一級古蹟。2005 年 7 月整建後改為「淡水古蹟博物館」。

〈滬尾紅毛城〉

〔…〕遠望濤頭一線而至，聲隆隆如雷，令人作吞雲夢八九之想。頃之，夕陽向西下，金光閃爍，氣象萬千，所有兩崖煙雲竹樹、風帆沙鳥，一齊收入樓台中，層見迭出，不使人一覽可盡，洋洋奇觀哉……。

吳子光，苗栗銅鑼人，清同治年間舉人，經通經史子集，被譽為「1900年前台灣第一學問家」。丘逢甲即其弟子。1866年，他於淡水候船赴大陸應試，間遊此地，撰文〈滬尾紅毛城〉。

荷蘭城堡

即「紅毛城」主樓，原址為西班牙所建，原以木頭築成，因曾被漢人焚毀，於1637年改以石材重建。工事完成不久，西班牙決定撤軍，下令摧毀該城。荷蘭駐軍於1644年5月動工重建。除了石材，還遠道自印尼運來上好石灰與磚頭，挖深地基，也使用穹窿式構造，證明荷蘭人有心要建造一座堅固的城堡。1662年鄭成功驅逐了南部荷蘭人，淡水之守軍亦隨之撤走。1863由英國人租用，將此炮城改為領事辦公室、住宅及四間牢房。

英國領事館公邸

淡水英國領事公邸為紅磚造陽台殖民地樣式建築，有獨特熱帶地區防暑的拱廊設計，斜屋頂等特徵，由當時駐淡水英國領事聘請英國建築師設計，紅磚及匠師可能來自福建廈門。領事公邸底樓西側為客廳及書房，東側為餐廳及廚房，後側為洗衣間及數間傭人房。二樓有三間大臥室及貯藏室。四周綠地，闢有玫瑰園，公邸迴廊是喝下午茶的場所。淡水領事公邸用材極為講究，設計雅致，是大英帝國在東亞地區僅存少數的較早期洋樓。

尋奇對話

Q 英國人也應該是漢人眼中的「紅毛」吧？

A 是的。過去我們中國人一向稱外國人為「紅毛仔」，因為
西方的白人都有一頭紅棕色頭髮。紅毛城將近 400 年的歷
史中，先後被西班牙、荷蘭、明鄭成功、清朝、英國、日本、
美國、澳洲的經營。認識紅毛城，等於走一趟台灣近代史。

Q 英國人在台灣一共蓋了幾間「領事館」？

A 一共三間。最早一間在高雄，其次是安平，淡水這間應是
最晚蓋成的，規模應該是最大的，視野及維護應該也是最
好的。不過，三間的風格都很類似，即維多利亞式，俗稱
「殖民地式建築」。

Q 當時領事館業務應該很龐大吧？

A 1860 年開放淡水為國際通商港埠後，台灣的對外貿易就遽
增了很多。尤其是茶業和樟腦的出口。主要是輸往中國大
陸。

Q　1895 年日本殖民台灣，英國人還留下來嗎？

A　是的。依國際法這塊地還是屬於英國政府。所以英國人繼續留下來。直到第二次世界大戰期間才撤走。戰後他們又回來向中華民國政府索回。

Q　英國人為何遲至 1980 年才肯交回這塊地？

A　英國人應該一直都捨不得交出這塊地。即便 1972 年他們就與我國斷交，還是在法理上繼續擁有這塊地。我們是費了很多努力才要回它的。不然，我們今天也不可能上這兒來的！

馬偕、教會、學校

Tamsui
04

加拿大人馬偕是淡水最知名的外國人，有一條街以他的名字命名，由他一手創辦的馬偕紀念醫院至今還日夜在服務成千上萬的台灣人。他一輩子行醫、傳教、興學，幾乎以淡水為家，前後近 30 年。最後歿於斯，葬於斯。馬偕 27 歲時離開家鄉，1872 年 3 月抵達淡水，就決定在此落腳，宣教基督長老教會。他自美加兩地募款，興建醫館，中法滬尾之役，協助照料清廷傷兵；他沒有牙科醫學訓練，卻幫台灣人拔了 2 萬多顆蛀牙。他還自國外輸入蔬菜種子：蘿蔔、甘藍菜、蕃茄、花椰菜、胡蘿蔔等。

淡水禮拜堂

淡水禮拜堂，位於馬偕街上。目前的建物改建於 1932 年，由馬偕之子偕叡廉（George W. Mackay） 所設計，為仿歌德式的紅磚建築，有一方型鐘塔，內部為木架天花板，且保存一個自 1909 年開始使用的古風琴。淡水禮拜堂是淡水地區最大的台灣基督教長老教會聚會所，約可容納 300 人。此教堂曾在 1986 年修建屋頂。教堂外觀以極佳品質的紅磚構成，且牆面變化有序，據傳出自於當年設計名匠洪泉、黃阿樹之手。這座教堂幾乎是早年淡水的地標，同時也是畫家最愛入畫的寫生美景。

馬偕傳教士

馬偕（George Leslie Mackay，1844-1901），生於加拿大安大略省，醫師與長老教會牧師。台灣人稱其「馬偕博士」或「偕牧師」。西方歷史學者以「寧願燒盡，不願朽壞」（Rather burn than rust out）讚賞馬偕的一生。1871 年底到達高雄，隔年起在淡水開始傳教，學習閩南話，之後還娶了台灣女子為妻。他四處旅行傳播基督福音，在台灣北部及東部設立二十餘個教會。1882 年創建牛津學堂（今真理大學）。2 年後又建立第一個供女子就讀的婦學堂。其子偕叡廉承接衣缽，創辦了淡江中學。著有《馬偕日記》，70 多萬字，分 3 冊出版。

淡江中學

淡江中學正式於 1914 年創設，昔稱淡水中學、淡水高女，為加拿大長老教會宣教士馬偕博士父子所創，是台灣罕見的百年老校。不僅其校史見證台灣歷史遞嬗與教育文化變遷。其校園座落依山面海，風光秀麗，綠意盎然。該校建築以歐美名校為藍本，並融入中國傳統建築元素，提供了啟發及培養人文思想的最佳環境。「八角塔」融合了中國的寶塔和西方拜占庭式建築，是淡江中學精神堡壘，由該校幾何老師加拿大宣教士羅虔益（K. W. Dowie）所設計，1925 年 6 月竣工。

尋奇對話

Q 我注意到淡水老市區有一條「馬偕街」，路口的圓環還樹立著馬偕先生的半身雕像。這位加拿大人應該就是淡水的榮譽市民囉！

A 是啊！馬偕博士在台灣 30 年，以淡水為根據地，一輩子行醫、傳教、興學不遺餘力，造福台灣人甚多！

Q 相對於西班牙、荷蘭，以及後來的法國及日本的強佔，英國人的唯利是圖，這位加拿大人的做法的確教人欽佩！

A 馬偕博士將現代醫學引進到台灣，幫台灣人治病療傷，培養台灣人醫學技術。籌資開設醫院，目前已發展到一所大型現代醫院「馬偕紀念醫院」，全省共有四個分院、3000多個床位、近 7000 員工。同時還設立馬偕護校及馬偕醫學院。

Q 聽說淡江中學很美，也是著名歌手及作曲家周杰倫的母校？

A 淡江中學可說是台灣最早的一所西式學堂，校舍建築美輪美奐，校園景緻優美，與淡水華人社區相映成趣。他也是馬偕博士所興辦，由其子克紹箕裘。這所中學相當開放，培養許多藝文及經貿人才，包括前總統李登輝也是這裡畢業的！

Q 聽說淡江大學的興辦與它也有關連？

A 是的。淡江大學創辦人張驚聲從日本留學，自大陸返鄉，很想興辦一所大學。他先應聘擔任淡江中學校長，後來順利集資購地，才在 1950 年創立淡江大學。它最初的校址還設在淡江中學裡！

Q 周杰倫好像在這裡拍了一部電影？

A 那部電影叫做《不能說的秘密》（2007）。事實上，淡水一直是電影青睞的拍攝場景，像早期的《聖保羅炮艇》（1966），以及較近的《我們的天空》（1986）、《囧男孩》（2008），還有一齣電視劇《青梅竹馬》（2009）等等。

Tamsui
05

觀音山

　　觀音山位於淡水河出海口左岸，海拔標高616公尺，山頂稱「硬漢嶺」，區內有多座古剎，更增添此山的靈性，其中還有數間供奉觀世音菩薩的觀音寺。西臨台灣海峽，東北隔淡水河遠望關渡，昔日的「坌嶺吐霧」為淡水八大景之一，是登山及健行的好去處。荷蘭統治時代，叫淡水山（Tamswijse berch），但漢人習稱八里坌山，因山邊的原住民部落八里坌社而得名。改稱「觀音山」的說法有二：一說是1752年貢生胡焯猷在山路籌建大士觀而得名，一說是由於山稜起伏變化，從關渡一帶眺望時，山形起伏貌似觀音菩薩的面容仰天的側面而得名。

觀音傳奇

觀世音菩薩（梵文：अवलोकितेश्वर，Avalokiteśvara），又譯為觀自在菩薩，簡稱「觀音菩薩」，這位佛教神祇是東亞民間普遍敬仰崇拜的菩薩，也是中國民間信仰所崇信的「家堂五神」的首尊，台灣民眾常將之繪製於家堂神畫「佛祖漆」上，與自家所祀神明一同晨昏祭祀。佛教的經典上說觀世音菩薩的悲心廣大，世間眾生無論遭遇何種災難，若一心稱念觀世音菩薩聖號，菩薩即時尋聲赴感，使之離苦得樂，故人稱「大慈大悲觀世音菩薩」，為佛教中知名度最高的大菩薩，有「家家阿彌陀，戶戶觀世音」的讚譽。

福佑宮

福佑宮是淡水最老的廟宇，1732 年左右應已草創，1796 年重建迄今。廟內供奉媽祖，是早期乘船移民及商貿的守護神祇。也是早期全淡水的信仰中心。廟口兩側街道是淡水最早的街衢。大前方即為舊時登岸碼頭。這裡也是淡水發展的起點。中法戰爭期間（1884~85）該廟因佑護漢人免招法國海軍的進侵，獲光緒皇帝頒贈「翌天昭佑」匾額。福佑宮被列為三級古蹟，廟中有古匾額、石柱、石碑等歷史文物。其中 1796 年刻製的「望高樓碑誌」即記載淡水商賈籌建燈塔事蹟。

十三行博物館

十三行博物館位於今淡水河左岸出海口，為一座考古博物館，二級古蹟。
1957 年地質學者林朝棨勘查後定名為「十三行遺址」，後經考古學者
陸續發掘出極具代表性之文物及墓葬等，為距今 1800 年至 500 年前
臺灣史前鐵器時代之代表文化。其人種可能與平埔族中凱達格蘭族有
關。出土重要文物為陶器、鐵器、煉鐵爐、墓葬品及與外族之交易品等。
1989 年動工興建，2003 年 4 月開館營運。博物館週邊區域具豐富多
樣的遺址古蹟、自然保留區、水岸景觀、歷史民俗、產業文化及公共設
施等資源，串聯成為「淡水河八里左岸文化生態園區」。

尋奇對話

Q 這裡為什麼叫做「十三行」?

A 因為清末有十三家洋行在這裡設了分行,當地人就稱它「十三行」。

Q 早期這裡的居民應該都是大航海家囉?

A 是的。台灣的所有原住民都是大航海家的後裔!16族原住民是在不同時期,算準洋流從大陸沿海或鄰近島嶼,坐上「獨木船」(Banka),冒著身命危險,飄洋過海而來的。此地的原住民生活在 1500~2000 年前,是北台灣平埔族當中凱達格蘭族祖先。

Q 現在這裡可以直航到中國大陸嗎?

A 是的。從 2013 年 10 月起,從台北港(八里)便可直航到福州(平潭)。只要花上 3 個小時。過去漢人坐帆船過來,可要花上好幾天!

Q 觀世音菩薩是男？還是女？

A 按照佛教的說法，佛是中性的，大菩薩也是中性的。其實，唐朝的觀世音菩薩是男相。可能祂經常化身女性指點眾生之故，更可能祂救苦救難是母愛的象徵之故。

Q 「媽祖」是誰啊？

A 相傳她是宋朝福建漁家的女子林默娘，因捨身救起船難的父兄，而有了海上拯救者的形象。媽祖信仰遍及華南沿海各地及東南亞，信眾超過 2 億人。單單台灣就有超過 900 座伺奉的廟宇。

淡水河岸

Tamsui
06

從老街至小漁港間長 1.5 公里的淡水河沿岸，區公所命名為「金色水岸」。因為晚霞時分，這裡經常會被夕陽照得金碧輝煌。一路有林蔭步道、親水河岸、水上舞台、咖啡座椅區、觀潮灣、觀潮藝術廣場等設施，小漁港的 8 棵百年榕樹是民眾最喜歡的乘涼、垂釣、觀賞夕陽的地方。商家捐贈余蓮春的〈戲魚〉，上原一明的〈舟月〉，賴哲祥的〈迎曦〉等三件藝術雕塑品更增添了河堤的藝術氣息。河岸沿路商家林立，特色咖啡館、異國餐廳、創意商店毗連而立，是休閒散心的最佳去處。

民歌響起

「民歌」來自民間由國人自行填詞、作曲、演唱的流行歌曲。最初在大學校園裡傳唱，故也叫「校園民歌」。它是一股社會的反省力量，尤其來自彼時年輕人內心的吶喊。從 1970 年代末起風行全台，是台灣本土意識的併發及文藝創作能量的引爆。當中帶頭的靈魂人物就是淡江大學校友的李雙澤（1949~1977）。1976 年，他在淡大校園的一場演唱會上，帶著一瓶可口可樂走上台，問台下的觀眾：「無論歐美還是台灣，喝的都是可口可樂，聽的都是洋文歌，請問我們自己的歌在那裡？」在一片詫異中，他拿起吉他唱起李臨秋先生（1909~1979）填詞的歌謠〈補破網〉，當下引起熱情的共鳴。

水岸畫影

淡水小鎮，山河海交接，風景壯麗。昔為北方大港，人文歷史韻味深厚。復以開埠甚早，往來交通，東西文化交織，多元特色，極易引發詩人墨客歌詠，畫家攝景。日據時代起，尤其吸引專業畫家至此作畫寫生，素有台灣畫家「朝聖地」之美名。它自成一格的「歐洲小鎮縮影」，美洲風格的哥特教堂、停泊岸邊的船隻、水中行駛的渡輪、山巒起伏的觀音群山、或霧靄茫茫的河口風景都能一一入畫。台灣最早一代的西畫家幾乎無人不曾蒞此，並留下歷久彌新的淡水風光。

葉俊麟的發想……

1957 年，擔任編劇的葉俊麟先生隨外景隊來到淡水，黃昏時他沿著河邊獨行。落日慢慢沉入海面，居民擠在渡船口迎接歸來的漁船。忽有歌聲隱約斷續傳來，他尋覓歌聲來處，抬頭望見不遠斜坡上的閣樓，一名女子佇候在門後，遙望渡船口一家和樂的場景，那女子的神情觸動了他寫下這首傳唱不墜的名曲。……

〈淡水暮色〉

作詞 / 葉俊麟　　作曲 / 洪一峰，1957

日頭將要沉落西　　水面染五彩
男女老幼在等待　　漁船倒返來
桃色樓窗門半開　　琴聲訴悲哀 啊……
幽怨的心情無人知。

朦朧月色白光線　　浮出紗帽山
河流水影色變換　　海風陣陣寒
一隻小鳥找無伴　　歌在船頭岸 啊……
美妙的啼叫動心肝。

淡水黃昏帶詩意　　夜霧罩四邊
教堂鐘聲心空虛　　響對海面去
埔頂燈光真稀微　　閃閃像天星 啊……
難忘的情景引人悲。

尋奇對話

Q 這裡這麼多遊客，應該都是捷運載來的吧？

A 是的。捷運淡水線 1997 年通車，初期很少人搭乘，還賠了錢。如今班班客滿，星期假日更是「一位難求」。

Q 淡水最多可容納多少觀光客？

A 2014 年春節期間，因為天氣晴朗、溫暖，創下單日超過 10 萬人紀錄！整個河堤及老街擠得寸步難行，從高處看，簡直像一堆沙丁魚群。

Q 這樣那能做休閒及觀光？

A 大概只能湊熱鬧、看人潮吧！其實，非假日或清早，淡水是很寧靜且悠閒的。

Q 民歌由淡水出發，很多人也寫歌來歌頌淡水。淡水有沒有音樂學院？

A 只有遠在關渡的國立台北藝術大學設有音樂學系，其他學校都沒有。但這不礙事啊！淡水讓人真情流露，很容易就讓會人創作出貼近庶民的歌曲。譬如 1997 年陳明章先生作曲填詞的〈流浪到淡水〉就紅遍全台大街小巷。

Q 淡水河邊跟以前有何不一樣？

A 就我印象所及，以前這裡只是個小漁港，魚腥味很重，遊客不多。現在河岸（包括對岸八里的河堤）整治了很多，變成了觀光休閒河岸，很現代感，也很商業化！

淡水老街

Tamsui
07

淡水曾是北台灣第一大港,因基隆港開通及泥沙淤積,逐漸喪
失商務功能,迅速沒落成為一座地方小漁港,現已轉型為觀光
休閒小鎮。中正路老街一帶,雖新式樓房林立,依然可見到許
多老式磚造店舖,反映出本地的開發史。古老寺廟林立,漫步
在坡道間,造訪淡水老街應能體驗先民的生活點滴。老街位於
中正路、重建街、清水街等一帶,因鄰近淡水捷運站,交通方便,
每到假日總是人山人海。尤其中正路,堪稱淡水最熱鬧的街道。
老街區也集美食、小吃、老街為一身,近年來更因不少古董店
及民藝品店進駐,也營造出民俗色彩與懷舊風味。

重建街

矗立山崙上的重建街是淡水歷史悠久的老街，也是發展最早的商業街，更是外地人體驗淡水山城味道最好的一條街道。重建街原本是一條蜿蜒五、六百公尺的歷史街道，是昔日的「頂街」，當年是陸路交通的要道，往下直通碼頭，往上連接山丘上方的聚落村莊。從19世紀末的50年一直是繁榮鼎盛。不少淡水著名政治、金融、教育界的名人都是世居此地。由於建在起伏不平的山坡上，房屋與路面常形成高低落差，相當特別。如今還保存幾間舊式長條形街屋，古意盎然。

讚滿重建街！

〔中國時報／2013.12.02／謝幸恩 報導〕超過230年歷史的淡水重建街，仍保有四處以上古蹟，但新北市政府因公共安全疑慮，年底推動第二階段拓寬工程，文史工作者在網路上發起「讚滿重建街」活動，1日吸引數百位支持者以柔性訴求，希望市府讓重建街「原地保留」。短短380公尺餘，全以石階堆砌而成，一路蜿蜒而上，可見兩側饒富人文氣息的古厝。地方居民說，有的房子可見到中法戰爭時所留下的彈孔，見證了淡水的興衰。

白樓

淡水「白樓」原本坐落淡水三民街週邊坡地，約建於 1875 年，外牆白灰因而得名。據傳為板橋富商林本源出資，由馬偕博士門生嚴清華所建，再租予猶太商行，之後曾改作一般公寓雜院。白樓在 1992 年因失火，而拆除改建。由於它曾是許多老輩畫家的入畫題材，如今只能在這些畫作裡尋得它的風采。2009 年，淡水文化基金會特別委託彩墨畫家蕭進興在最接近白樓舊址上坡路段，利用右側牆壁，畫下白樓舊觀，並延伸至周遭景致。這堵長卷式壁畫，耗費數月始完工，可一覽無遺俯瞰淡水，堪稱淡水最生動、最震憾人心的公共藝術。

紅樓

該建築原是船商李貽和的宅第，與已經拆除的「白樓」齊名。1899 年落成，由於李貽和所經營的兩艘貨船發生撞沉意外，在 1913 年轉賣給時任台北廳參事的洪以南。洪以南在成為這棟紅樓的主人後，為它取了「達觀樓」的雅號。

紅樓採西方洋樓式風格，與淡水英國領事館公邸外觀相近，其屋前寬闊庭院，四周輔以小徑、階梯相通，為早年景觀最佳之房舍。直至 1963 年，轉賣給德裕魚丸的洪炳堅夫婦。1999 年年初整修紅樓，期間曾多方請教建築、歷史、藝術等專家學者。於 2000 年元月正式對外營業，成了一家複合式餐廳與藝文館。

尋奇對話

Q 這些藝文人士呼籲保存老街的溫和訴求很有意思。他們是怎麼湊在一起的？

A 在台灣每個有歷史的城鎮都會自發地組成「文史工作室」，定期有些討論及表達。我想他們是透過網路集結的。

Q 聽說台灣的臉書人口密度是世界最高之一？

A 現在使用 Line 的人也越來越多了。以前搭車，車箱內很喧嘩。現在即便人很多也很安靜，因為男女老少都在滑手機！

Q 重建街的上坡階梯很有古意，也很特殊。因為每一階梯都不會太高，走起來也不致於太累。

A 是啊！這些階梯都有一、二百年的歷史，也不知道有多少人從上面走過。我們可以想像當年人聲鼎沸的場景……。因為要上下貨的關係，所以每個台階都不會做得太高，連老人家來走都沒問題。

Q 「讚滿重建街」這個標語是很棒的雙關語！

A 「讚」與「站」在台灣式國語裡是同音字。「讚」表示「支持、同意」；「站」表示「出席、佔據」。

Q 「紅樓」整修得很細膩，很棒。可以想像當年的氣派及華麗。

A 這裡的景觀特別好，最適宜觀看夕陽及夜景。我請你上去喝杯咖啡吧！

Tamsui
08

殼牌倉庫

殼牌公司（Shell）儲油倉庫和油槽以及英商嘉士洋行倉庫，位
於捷運淡水站旁的鼻仔頭，佔地面積約 3000 坪。1894 年 11
月由茶葉外銷洋行「嘉士洋行」所承租，用以經營茶葉貿易。
1897 年由殼牌公司買下，並增建四座大型磚造儲油倉庫，並鋪
設可接通淡水線鐵路的鐵道，大規模經營起煤油買賣。也由於
煤油臭氣瀰漫，淡水人稱之為「臭油棧」。直到 1944 年 10 月
遭美軍轟炸導致油槽起火，三天三夜才被撲滅。2000 年指定為
古蹟，殼牌公司也將此捐贈給淡水文化基金會。2001 年於此創
辦「淡水社區大學」。2011 年規劃為「淡水文化園區」。

淡水社區大學

淡水社區大學於 2001 年 8 月正式開學，課程豐富又多樣，有很多大學院校裡不可能出現的課程，收費又特別低廉，是推動公共教育最佳的空間。在它的校務規程中明訂「以促進終身學習，提昇社區文化，參與社區營造，發展公民社會為宗旨」，自我期許要不斷落實教育改革的理念。淡水社區大學的特色就是結合古蹟，再融入在地文化，認識淡水等相關課程。這個學校很自豪，因為他們的教學空間是百年古蹟！

淡水文化園區

淡水文化園區，即殼牌倉庫舊址與週遭綠地及濕地，經新北市政府修繕完工後，於2011年正式對外開放。「淡水文化園區」占地約1.8公頃，園區內有八棟老建物，還有搬運油品的鐵軌遺跡。修復的八棟建築物，皆以紅壁磚、土漿疊砌，其中六間是儲放油品的倉庫，一間幫浦間，另有一間鍋爐間。經歷過數度經營轉移以及戰火摧殘的市定古蹟淡水殼牌倉庫，終於以全新的姿態風華再現。內設有教學中心（淡水社區大學）、展演區、露天舞台、藝文沙龍、生態區、濕地等空間。

鄞山寺 / 客家會館

鄞山寺，建於1822年，二級古蹟，寺內奉祀定光古佛，定光古佛是中國南方客家人的祭祀圈才有的信仰。該寺大體上完整保存道光初年原貌，包括當年施工的的屋脊泥塑都相當完整。

為現今台灣唯一保存完整的清時會館。會館就是同鄉會會所，以互相濟助為目的。主要因為在清道光年間從汀州移居台灣北部的客家人越來越多，汀州人怕漳州、泉州人欺負，所以在上岸處集合形成聚落，並出資蓋地方會館，後續自唐山渡海來台的人，可臨時落腳寄居在這樣的地方會館裡。

尋奇對話

Q 把歷史古蹟跟生態環境結合在一起是挺不錯的點子。

A 是的。最重要的還是「管理」。所以政府 2007 年通過設置「鼻仔頭史蹟生態區」，將 5 個歷史古蹟：鄞山寺、湖南勇古墓、淡水殼牌倉庫、淡水水上機場、淡水氣候觀測所，以及周邊的自然生態資源一起納入管理。

Q 台灣人很重視環保和休閒？

A 這是最近 10 幾年的事。尤其是環保署的設置，發揮不少功能。文化部的運作也相當正面。休閒與生態似乎是民眾自覺自發的需求。

Q 感覺上，淡水蠻能與世界接軌的。

A 歷史上的淡水一直都很國際化！現在的台灣不僅民主，也非常開放。不過很多歷史感消失得特別快，歷史的痕跡要特別細心的加以保存！

Q 聽說社區大學裡老人學生特別多？

A 是的。一方面是許多公職人員可以提前退休，他們衣食無憂，身體也夠好，總會想出來參與社會活動。另一方面台灣人的人均壽命提高了，所以老人的需求也增多了。華人社會有句銘言：活到老，學到老！

Q 現在我明白了，淡水除了是年輕人的天堂，將來也可能老年人最愛居住的城市！

A 老實說，淡水還是吵了一點，交通尤其擁擠！除非我們犧牲一點環境，建好交通，才有此可能。

Tamsui
09

滬
尾
砲
台

滬尾砲台位淡水北方，建於 1886 年。佔地約 8 公頃，為台灣首任巡撫劉銘傳所建，以捍衛淡水港。該砲台雖停用多年，因長期屬軍事要塞，保留狀態頗佳。營門上仍留存劉銘傳親筆所題之「北門鎖鑰」碑文。西班牙人也曾在此建造砲台，荷蘭人延用。荷蘭撤走駐軍時曾將之燒毀。清廷在 1808 年加派兵力，駐防該地，1813 年並在現址興築砲台。中法戰爭後，清廷命當時的台灣巡撫劉銘傳加強台海防務。日治時期，日軍撤下當時在滬尾的四門砲塔，將此地改作砲兵練習場地。國民政府重新賦予滬尾砲台國防任務，派兵駐守。1985 核定為二級古蹟，整修後開放民眾遊覽。

油車口

1884 年滬尾之役的古戰場，相傳 300 年前由泉州移民所開闢，18 世紀中葉，有郭姓泉州人在此開設油坊因而得名。油車口碼頭則是淡水拍攝婚紗照的熱門景點。此處可一覽觀音山、淡水河、漁船及夕陽，交互搭配，格外秀麗。油車口的忠義宮蘇府王爺廟，是淡水地區最大王爺廟，每年農曆的 9 月初九重陽節，都會舉辦燒王船的祭典。30 多年前廟旁的黑色老厝，曾開一家物美價廉的小吃店，人稱「黑店」，以排骨飯打出名號，後因道路拓寬遷往附近，每逢用餐時刻依然門庭若市，車水馬龍，蔚為奇景。

中法戰爭 / 滬尾戰役

1884 年 8 月，法軍圖佔領北台灣，派軍艦進犯，爆發中法戰爭－滬尾之役。當時台灣巡撫劉銘傳發現淡水重要性，擔心法軍可由淡水河直接進入台北府城，因此決定棄守基隆，把兵力改移至淡水。當時清朝在淡水的沙崙、中崙、油車口修築砲台均遭法艦砲轟摧毀。劉銘傳任命提督孫開華，負責整修淡水防禦工事，以填石塞港，佈置水雷，建造城岸，修築砲台禦敵。10 月 8 日，孫開華帶領清兵及鄉勇，奮勇抗敵，擊退法軍。此為清廷難能可貴之勝戰。法軍後來封鎖海岸半年餘始撤走。

北門鎖鑰

指北城門上的鎖及鑰匙，後借指北方的軍事要地。1885 年滬尾戰後，清廷加強防禦工事。劉銘傳聘請德籍技師巴恩士（Max E. Hecht, 1853-1892）監造，並自英國購入 31 尊大砲，1889 年安裝竣工。惟新砲未曾參與戰事，故基地建築保持相當完整。現存東南方的營門上的碑文「北門鎖鑰」為劉銘傳親筆所提。這也是劉銘傳在台灣本島所建砲台，唯一碩果僅存的一座，具有其特殊的意義與價值。巴恩士也因建成此一海防利器有功，還獲清廷贈勳及賞銀表揚。39 歲歿於台灣，葬於淡水外僑墓園。

尋奇對話

Q 這裡居高臨下，視野極佳，的確是鎮守的好地方。

A 這裡是所謂淡水的「五虎崗」的第一崗，習稱「烏啾崗」。另一頭就是老淡水高爾夫球場，它是台灣最早一座高爾夫球場，1919 年由日本人建成。原先這塊地還是清軍的練兵場。

Q 湖南人與淡水人還蠻有關連的？

A 當初清廷由大陸調來台灣防守的正規軍一大部份來自湖南。1884 年滬尾之役的守將孫開華也是湖南人。在竿蓁坟場還有一座湖南勇古墓。

Q 台灣很流行婚紗照，聽說還外銷到中國大陸去？

A 婚紗是筆好生意！台北市區還有一條「婚紗街」。大陸的婚紗照幾乎都是台灣業者去開發的。

Q 婚紗照是否一定會選上風景最美的地方拍攝呢？

A 這是所謂的「出外景」，就是戶外婚紗照。當然要選居家附近風景最美的地方拍攝。預算多的還可以安排出國拍攝，順便渡蜜月！所以婚紗攝影師往往就是旅遊景點的最佳探子。

Q 拍了婚紗照是否比較不會離婚呢？

A 過去台灣的離婚率很低，現在比較高些。的確，年輕夫婦如果鬧彆扭，若去翻翻婚紗照，或許就會打消分手的念頭。

Tamsui
10

漁人碼頭

淡水漁人碼頭，位在淡水河出海口東岸，前身為 1987 年開闢的淡水第二漁港，鄰近沙崙海水浴場，是淡水最新開發的觀光景點，於 2001 年 3 月正式完工並對外開放，以其夕陽景色及新鮮的漁貨聞名。目前除了觀光休閒設施之外，仍然保有其漁業港口的功能。浮動漁船碼頭約可停泊 150 艘漁船及遊艇，河岸觀景劇場平台最大能容納 3000 名觀眾。白色的斜張跨港大橋於 2003 年 2 月 14 日情人節當天正式啟用，故又稱「情人橋」。在橋上可欣賞夕陽景色，總長約 164.9 公尺。水路及陸路交通皆可通達，有一座 5 星級景觀旅館。

情人橋

「情人橋」位於漁人碼頭上專供行人步行的跨港景觀大橋。長 164.9 公尺、寬 5 公尺，最高處 12 公尺，微彎的大橋柱側看像似流線船帆造型，遠觀整座橋的色彩是白色，但細看其實是淺白又帶點粉紫與粉紅色的柔美色調。由於大橋的造型優美而浪漫，視野非常遼闊，因此目前已成淡水風景的地標景點。情人橋有個美麗的傳說：情人們若是牽著手、心繫著彼此，相偕走過情人橋，那麼兩人的戀情將更加美麗，但若在走過情人橋的中途，有人回頭了，或把手放開了，那麼未來，他們的戀情將會受到許多考驗。

情人塔

耗資近 3 億多元打造的漁人碼頭「情人塔」於 2011 年 5 月正式啟用，塔高計 100 公尺，每次可容納 80 人，可提供淡水區域 360 度全視野景觀。瑞士製造，耗時 4 年打造，是台灣第一座百米觀景塔，有 360 度的旋轉觀景塔，外加一座可觀賞淡水景色的圓形座艙，座艙外罩為整片式安全玻璃防護罩，可有效防風雨。乘客進入座艙中，座艙會緩慢調整上升與下降的角度，隨著情人塔緩緩旋轉上升，登高望遠，可將淡水美景盡收眼底。

休閒漁港

漁人碼頭雖然能保有漁業港口的功能，但幾乎已轉型為「遊艇碼頭」，它的浮動碼頭上經常停滿各式各樣的小遊艇。它們的主人大多是台北都會裡的富豪人士，因熱愛海上活動，買了遊艇，將這裡當「停船場」，有空才會開出海兜風。這裡是「藍色公路」的重要景點，來自各處的客船都會在此停泊。藍天碧海，漁船遊艇，尤其傍晚時分，滿天湛紅，也是北台灣難得一見的濱海風情。

淡江大橋

淡江大橋將是一座跨越淡水河河口的雙層橋樑，為台灣第一座鐵路軌道和道路共構的雙層橋樑。1980 年代末提出興建計畫，全長 12 公里，包含主橋 900 公尺及兩端聯絡道，屬於雙層橋樑，橋面總寬 44 公尺，橋高 20 公尺，下層橋樑，設計車輛行駛時速 100 公里，上層橋樑，中央規劃為 8 公尺寬的輕軌路軌，耗資新臺幣 153 億元。將於 2016 年動工，並計於 2020 年完工通車。預計完工後，可以舒緩關渡大橋的交通流量，並且帶動淡海新市鎮的開發。

尋奇對話

Q 從高處看淡水，確實別有一番風情。整個城鎮看起來很休閒，也很幸福！

A 最近台灣也有人從空中拍了一部紀錄片《看見台灣》，很新奇，也很令人感動。台灣真的有如 400 年前航行經過此地的葡萄牙水手的驚呼「Ilha Formosa！」（美麗之島）那樣。

Q 不過，聽說這部紀錄片也讓許多台灣人警覺到過度開發的後果⋯⋯。

A 是啊！有節制的開發是必要的。未來的「淡江大橋」也是花了 20 多年的討論才順利通過的⋯⋯。

Q 橋應該是優先且必要的項目。屆時淡水可能更加繁榮了！

A 我們希望它是有計畫的成長，不然「人滿為患」，古有明訓！

Q 夏天這裡很熱鬧，冬天應該很少人來吧？

A 夏秋兩季這裡很熱鬧，幾乎像極了國外的渡假聖地，有音樂會，有藝術市集等等，最重要的是天天可以欣賞日落，看霞光滿天。春冬多雨又寒冷，旅客自然少了許多。不過，當地的旅遊業者也有許多吸引遊客的配套措施。

Q 聽說這裡的海鮮很地道？

A 淡水究竟還是漁港，自然有許多新鮮的漁貨，那就看你敢不敢嘗試哩！

Tamsui
11

到了捷運「紅樹林站」一眼就可看到綠油油的一片紅樹林。
1986 年它被劃為「淡水紅樹林生態保護區」，總面積為 76 公頃，
是淡水河從上游所堆積而成的海岸沙洲沼澤區，也是台灣面積
最大，全世界緯度最北的紅樹林自然分佈地點。這些生命旺盛
的水生植物因枝枝泛紅而得名。紅樹林這種濕地生態系統對人
類有很高的利用價值，包括保護堤岸、河岸、海岸，供應魚苗
資源，提供野生物棲息及繁殖場所，海岸景觀林，休閒旅遊場
所及提供薪材，也有「水中森林」及「候鳥樂園」之稱。

白鷺鷥

白鷺鷥是台灣很普遍的留鳥，它們經常活動於水澤、湖泊附近，以魚類、蛙類及昆蟲為主食。喜歡群體居住，淡水紅樹林就是它們最大的家，估計有數百隻棲息於此。每到傍晚時分，三五成群翱翔歸巢，吵嚷聲此起彼落。白鷺鷥體色潔白，含有聖潔之意。步伐穩重、氣質高貴，活動敏捷、飛行姿態優美。傳說中，白鷺鷥棲居福地，在有水稻的地方，就有白鷺鷥前來啄蟲，保護農作。

水筆仔

竹圍至淡水之間的紅樹林是全然由「水筆仔」所組成的樹林。其得名係因為幼苗像筆一樣懸掛在樹枝上，長約 10 到 15 公分。這些樹的果實仍在母樹上時，胚即自種子長出，形成胎生苗。幼苗垂掛在枝條上，可自母株吸取養份。當幼苗脫離母株時，有些可插入泥中，側根再長出，再長成幼樹。有些幼苗縱使沒有順利插入泥中，能隨波逐流，再定著在適當地點。在鹽度高、土質鬆軟、缺氧及水中含氯量高的環境下，胎生現象正是最有利的適應方法。

生態步道

「淡水紅樹林生態步道」入口就在捷運紅樹林站旁，這段步道由實木搭建，在紅樹林生態區中蜿蜒而行。長度短短不到 1 公里，沿途便可眺望觀音山景、欣賞淡水河風光及濕地多元動植物生態。 站在步道上可以近距離觀看、甚至觸摸水筆仔。招潮蟹就在腳下肆意「橫行」，白鷺鷥在不遠處緊盯水面追蹤獵物。除了美麗的風景、有趣的潮間帶生物，這裡還有許多讓愛鳥人士趨之若鶩的野鳥。也是溼地生態實地教學好去處與賞鳥好地點。每年 9 月至隔年 5 月為候鳥過境的季節，是賞鳥的好時機。

尋奇對話

Q 台灣人好像很喜歡白鷺鷥？往淡水的公路旁也有它們飛舞的圖案！

A 是的。有一首耳熟能詳的台灣童謠，歌詞是：「白鷺鷥車畚箕，車到溪仔墘，跌一倒，拾到一先錢。」指小孩子一無所有，希望化成白鷺鷥，能碰到好運氣，在路上撿到錢！

Q 淡水的紅樹林會有許多候鳥經過嗎？

A 據野鳥協會統計，大約會有10餘種。不過數量應不會太多，因為太靠近市區，人聲鼎沸，覓食也不易。不過體型較小的候鳥比較常見，尤其在關渡平原，那裡還築了好幾間觀鳥小屋，可就近觀看。

Q 關渡平原應該就屬於所謂的「濕地」了？它有受到保護嗎？

A 應該算是有。政府將它列為「低度開發區」。現在台灣人越來越重視保留「濕地」，也更積極地加以利用，譬如，規劃成保育區、生態教育園區，或者親子休閒區等等。

Q 聽說關渡平原以前還是一片大沼澤，唭哩岸以前還是個河港？

A 事實上，台北盆地以前有許多地區也是沼澤地。目前有些地方的地面只比海平面高出一點而已！所以經常會鬧水災。台北捷運以前也被大水淹過，停駛了好幾個星期。

Q 所以台北是個「水鄉澤國」？

A 治水一直都是台灣很重要的施政，但我們現在很喜歡親水！

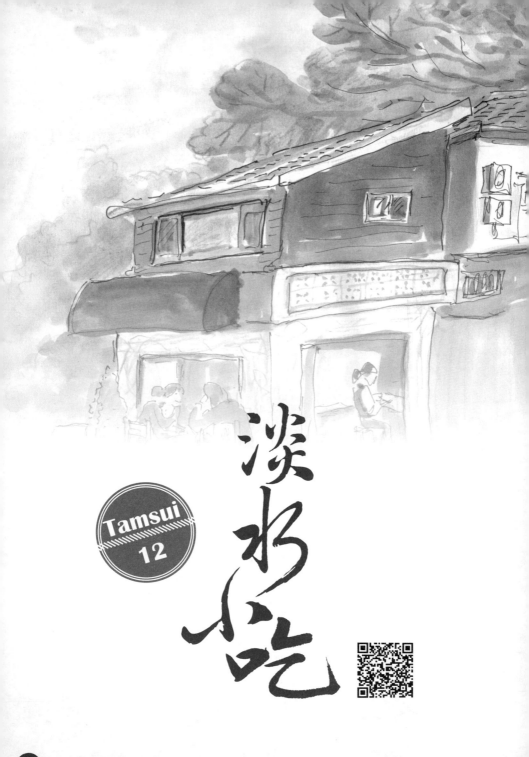

淡水小吃

Tamsui
12

淡水是的傳統的漁港，過去更是台灣重要的通商口岸，因此物資豐富，海產類更是這裡的一大特色，加上交通、歷史與地方發展，孕育出豐富而多元的飲食文化。淡水老街歷史悠久，也發展出多樣的飲食風貌。淡水的小吃百百種，但最有名的有魚丸、魚酥、「鐵蛋」、「阿給」。這些有名的小吃大部分是就地取材，反映基層民眾的基本飲食需求，也烙印著許多文化融合及社會嚮往。從普羅市井小吃到海鮮大餐、異國料理等。其中「阿給」及「鐵蛋」更是淡水老街最具特殊風味的小吃。

魚丸

淡水早期是漁港，漁獲量大，以致於供過於求，捕來的漁獲除了在市場販賣外，更延伸出許多附加產品，如魚乾、魚酥、魚丸等。魚丸是將中、大型魚肉（鯊魚或鬼頭刀）磨成魚漿後，加少許太白粉和水調和，製成魚丸外皮，中間則包入特殊的豬肉燥。煮湯食用，香味濃郁。其實全世界各地都有「魚丸」，口味的差異多來自魚種及手工，還有配料。

鐵蛋

早期在淡水渡船頭的一位麵攤子老闆娘阿呷婆，將賣不出去的滷蛋回鍋再滷，結果，滷蛋變得又黑又小，像鐵一樣，有些顧客好奇，就買來試吃，覺得又香又耐嚼，於是聲名漸漸遠播，「鐵蛋」因而得名，習稱「阿婆鐵蛋」，成了淡水有名的特色小吃。鐵蛋的製作過程很費工費時，每天必須用醬油及五香配方調配的滷料，經過幾個小時的滷製，然後用風乾，反覆持續幾天才能完成。

傳統糕餅

淡水有許多老字號傳統糕餅舖，傳統古早餅，口味眾多，多遵行古法精製、每一個糕餅都保留著令人懷念的古早味，每一口都能讓遊客感受到回味不盡的鄉土味，是淡水重要的傳統美食。1984年其中一家新勝發，還曾獲得日本糕餅比賽博覽會的金賞獎！台灣婚習俗中，女方會訂做許多「禮餅」分贈親友，為了不要「失禮」，大多會精挑細選風味及口感一流的淡水喜餅。

魚丸博物館

充分利用淡水漁港龐大的漁獲，
1963 年登峰公司創新開發出淡
水魚酥，目的是提供民眾一份
佐餐品，之後成了休閒食品、
觀光禮品。2004 年，店老闆
在淡水老街上開設「魚丸博物
館」供民眾參觀，它是全台
第一座以魚丸為主題的博物
館，也能安排 DIY 參訪的「觀光工廠」。博物館佔地約
70 餘坪，共有三層樓，一樓為產品販售區，二樓為展示廳，陳列許多
捕魚的古董器皿及歷史照片圖說，還展示一支 1884 年中法滬尾之役法
國海軍陸戰隊所使用的制式步槍（Fusil Gras M80 1874）原品。

阿給

「阿給」是日文「油豆腐」（あ
ぶらあげ／阿布拉給）發音的
直接簡化音譯。做法是將四方
形豆腐中間挖空，然後填入冬
粉，再以魚漿封口後，加以蒸
熟，食用時淋上甜辣醬，再加
上魚丸湯或大骨湯汁，即是
讓人食指大動的阿給美食。「阿給」應是
淡水口味最獨特的地方小吃。1965 年由楊鄭錦文女士所發明，起初是
因不想浪費賣剩的食材，而想出的特殊料理方式。創始店位於淡水鎮真
理街上，專作學生的早餐與午餐。

尋奇對話

Q 很多人來台灣觀光旅遊很可能就是衝著想享用這裡的美食？

A 台灣的美食在世界排名數一數二，可以跟它媲美的大概只有地中海菜及日本料理。此外，在台灣，人們幾乎可以吃到中國各地的佳餚。在香港及中國大陸就沒有這種多樣性。

Q 美食和小吃有何不同？

A 美食是大宴，通常會有 10 到 12 道菜餚。小吃通常只有單味，傳統市場邊都吃得到。尤其在夜市，它更是以提供各式各樣的小吃為賣點。

Q 聽說現在台灣政要宴請國外貴賓，甚至在國宴上，也會安排推薦台灣地方小吃？

A 對啊！因為有些小吃還真的在其他地區，或國家根本吃不到！是真正的「台味」！

Q 台灣小吃有幾種？那裡吃得到？

A 應該沒有人統計過，即便同樣一款，各地的口味、配料也不同！要吃小吃一定要到夜市。也有一些餐廳開始專賣台式的小吃。但並不是所有的小吃都能搬得上檯面的！

Q 所以，來台灣觀光旅遊一定要到夜市吃小吃！

A 不過，還是要提醒你，夜市小吃的衛生條件、服務及用餐品質一向不夠好，你心裡要先有準備！

淡水藝文

Tamsui
13

淡水既是古代漢人移入的北方門戶，又是列強爭奪的據點，還
一度淪為日本殖民地達半世紀之久，早年是海峽兩岸及國際通
商的要埠，所以歷史古蹟、文物豐富。加上地勢優良，山海交接，
河運通達，所以人文薈萃，不僅城鎮生命力旺盛，文藝風氣亦
深烙民心。古代迄今定期有民間自發藝文活動，如廟會迎神、
樂團劇社。現今則規劃有淡水踩街藝術節、亞洲藝術村、雲門
舞集淡水園區等。淡水藝文活動的最大資產在於，它擁有人文
厚度、歷史感、國際觀，加上美麗的景致、旺盛的商業活動及
便捷的交通。

一滴水紀念館

「一滴水紀念館」位於滬尾砲台左側。該棟日式建築原是日本福井縣的古民宅，已有近百年的歷史，是日本作家水上勉的父親手所建的舊居，特別援引水上勉說的「一滴水脈有無限可能」做命名。1995 年阪神大地震時，這棟古民宅未遭毀壞。屋主為了讓同鄉災民有個懷想的地方，便把房子捐出。1999 年台灣發生 921 大地震，日本阪神地震的受災者來台協助災區重建工作，決定把這棟日式古民宅贈與台灣。經過一年多的努力，在來自日本及台灣志工 1300 人的攜手合作下，於 2009 年 8 月 16 日原封不動的組裝完成，並於 2011 年 3 月 29 日開館。

淡水大拜拜

「大拜拜」之意為：寺廟謝神或建醮等重大慶典時所舉行的儀式，及宴請流水席。所以會有迎神活動、親友相聚，大吃大喝的。早期先民渡海來台灣拓墾，因為水土不服、瘟疫、天災或戰亂等因素，移民會奉請家鄉守護神隨同來台灣，求消災解厄保平安。如今，拜拜已跨越宗教信仰的範疇，成為台灣人民生活文化不可或缺的一部份。「淡水大拜拜」是淡水祖師廟的慶祝活動，於每年舊曆五月初六（西曆六月中旬）舉行祭典，每年都萬人空巷，都得進行一整天的交通管制。

淡水藝術節

淡水國際環境藝術節踩街嘉年華，自 2008 年起，每年 10 月在淡水市區舉行。2013 年以「世界萬花筒」為主題，充分表現出淡水多元文化與異國風情，共有 50 個隊伍、超過 1500 人，以創意、熱情走踏淡水街道。這項藝術嘉年華的活動是由多位藝術家及社區居民通力合作和參與，將淡水的歷史、傳說、風土人文、及當代日常生活，化為創作素材。透過「藝術踩街」與「環境戲劇」演出，以呈現四百年來淡水的獨特藝術饗宴。近來也結合國際藝術團體的邀訪，使這項活動更具多元及吸引力。

尋奇對話

Q 「一滴水紀念館」的故事很感人，台灣與日本的關係真的很特殊，很密切！

A 台日民間交流一向很密切，觀光旅遊及商務貿易有來有往，而且十分興盛。透過眼見為憑及交流就更能瞭解對方！

Q 「雲門舞集」是國際最知名的台灣表演藝團，將來它的「淡水園區」應更可帶動此地的藝文活動及曝光率！

A 聽說當初是雲門主動選上淡水的！屆時整個園區會對外開放，包括供民眾參訪及安排表演工作坊。

Q 西方人或其他民族會用牛或羊當犧牲，台灣地區為何會選中豬當牲品呢？

A 台灣地區過去家家戶戶都會養豬。中文「家」字就說明一切：養了豬才能成家。這裡比較少人養牛羊，而且耕種的農民比較疼惜牛的辛勞，所以祭拜都用大豬公。

Q 聽說台灣也有養豬公這個專門行業，甚至還比賽誰養得
最大隻？

A 這是一種榮譽，也是對神明的最大敬意。史上最重的豬公達
1683 台斤（合 1010 公斤）。那是要花好幾年細心照料才
有可能。人們會宴客（通常都是流水席），也會分贈豬肉
給親友。

Q 將來如果能將迎神、拜拜及藝術嘉年華會結合在一起，應
該是蠻不錯的點子！

A 啊呀！你很適合當我們的文化部長！

淡江大學

Tamsui
14

一所沒有宗教、企業背景的大學，以校風開放著稱。也是一所「沒有圍牆的學校」。創辦之初，淡水居民出地捐輸功不可沒。校園與居民共享共營是一大特色。1950 張鳴（驚聲）、張建邦父子發想所創，初期為英語專科學校，1958 年改制為文理學院，1980 年正名為淡江大學。迄今擁有淡水、台北、蘭陽、網路等 4 個校園之綜合型大學，有 8 個學院，27000 餘名學生，2100 餘位專兼任教職員工，及 24 萬多名校友，是台灣最具規模且功能完備的高等教育學府之一。《Cheers》雜誌在《2015 最佳大學指南》發佈 2015 年 2000 大企業最愛大學生調查，淡大第 18 度蟬聯私立大學之冠。

宮燈教室

淡江大學的風景及建物雅致，口碑相傳，揚名中外。早年還是電視連續劇及電影取景的熱點。當中最著名的首推興建於 1954 年的「宮燈教室」。它依山丘斜坡興建，雙排對稱的仿唐朝傳統建築，碧瓦紅牆，扶搖直上；前後綠地，窗明几淨。中央一長排宮燈，有 9 根仿古華表，18 條蟠龍，上方掛起兩盞宮燈。每當華燈初上，與一輪火紅夕陽相互輝映。其設計出自淡大建築系首任系主任馬惕乾之手，於 1955 年全部建成啟用，迄今已育逾半世紀！

海事博物館

淡江大學海事博物館為一獨棟 2134 平方公尺的船型建築，前身為「商船學館」，是淡江大學專門培育航海、輪機科技人才的搖籃。由長榮集團總裁張榮發先生捐資興建，並捐贈各項有關航海、輪機之教學設備。後因國家教育政策的變更，奉令停止招收航海、輪機的學生，俟 1989 年送走最後一屆學生後，擘劃興建為全國首座「海事博物館」，展示古今中外各類的船艦模型。當時董事長林添福亦捐贈私人收藏的 50 餘艘全球知名船艦模型。1990 年 6 月開館，免費供各界參觀。

蛋捲廣場

位於淡大校園中心點的「蛋捲廣場」，原為一方正有中庭的二層樓綜合教室。1986 年拆除改成綠地廣場，中央由建築師林貴榮校友設計一座建物，有四片「竹卷」繞圈，象徵古代的簡冊，故命名「書卷廣場」，因酷似蛋捲，遂有了「蛋捲廣場」之別名。從上俯視，像馬達中的轉軸，生生不息。雪白瀟灑的弧型造形，不論藍天、黃昏或夜晚，都呈現出不同的迷人景致。目前它是淡大許多社團聚會及大型活動舉辦的地方，也是每位淡江人拍照、懷念的景點。

淡大校歌

作詞 / 鄒魯　作曲 / 呂泉生

浩浩淡江 萬里通航 新舊思想 輸來相將

博學審問 明辨篤行 自成機杼 用為世匡

學戒驕固 技守專長 樸實剛毅 大用是彰

彼時代之菁莪兮 國家之貞良

（願）乾乾惕厲兮 莫辜負大好之時光

尋奇對話

Q 淡大畢業生連續 17 年獲企業界肯定，排名私校第一，全國第八！淡江畢業的學生還真的了不起！

A 主要原因是淡江大學是一所老字號的綜合型大學，做出了品牌。另外學風自由，學校治理相當前瞻及靈活。很早就提出三化：國際化、資訊化、未來化。

Q 擁有 24 萬名校友，應該是很大的社會資源。

A 換算一下，每 100 個台灣人就有一個是淡大畢業的！這還不包括他（她）們的家庭，他（她）們肯定都是淡江大學的代言人。這裡還出現過三代都是淡大畢業的！

Q 淡江大學已創立 60 餘年，一提到淡水都會想到淡江大學？

A 是的！淡江大學就屬於淡水。淡水基本上就是一座大學城。除了淡大，還有真理大學、聖約翰科技大學、台北海洋技術學院分校，及關渡基督學院等共 5 所高等學院。

Q 淡江大學畢業校友最懷念學校的地方是什麼？

A 四時變化的校園風景啊！尤其是古色古香的宮燈教室。每年 3 月校友回娘家日，校友們都會指定到宮燈教室裡重溫舊夢！

Q 淡江大學是民歌的發源地，音樂風氣應該很盛吧？

A 這裡沒有音樂系，但有一個很不錯的音樂廳。校園音樂活動一直很興盛，也養育不少知名歌手。藝文界及影視圈的校友也很多。反正，這裡很美，所以學生們都很懂得欣賞美！

河岸自行車道

Tamsui
15

淡水至紅樹林自行車道,沿河濱架設,車道長約 2.5 公里。可騎上公路延伸至淡海的漁人碼頭,亦可上關渡大橋,轉八里左岸自行車道風景區,直達十三行博物館。自行車道內只有行人及腳踏車才能進入,是最安全又愜意的單車之旅。自行車道一邊是綿延無際的海岸風光與濃密紅樹林水筆仔,一邊是疾駛如風的捷運,行在其中,山光水色盡收眼底。自行車道沿線設置觀景平台,不時可見白鷺鷥飛翔、招潮蟹橫行、彈塗魚的身影,可體驗淡水河岸好風光及對岸蒼鬱的觀音山、野鳥群飛、夕陽落日等美景。

假日單車

台北市政府自 2002 年開始規劃全市河濱自行車道，完成環繞台北市河濱，包括淡水河、基隆河、景美溪及新店溪等四大系統，南起景美、東自內湖，沿著河岸二側向下游延伸至關渡濕地，形成總長約 111 公里的河濱自行車道網絡。並根據各河川沿線不同的景觀及特色，將河濱自行車道規劃為「關渡、金色水岸、八里左岸自行車道」等不同休閒主題的自行車道。沿線豐富的自然、人文、古蹟等美麗景觀，提供給民眾假日的休閒好去處。完工以來，頗獲好評，假日騎單車幾乎蔚為台灣的國民運動！

河岸馳騁

台灣號稱自行車王國，捷安特（Giant）、美利達（Merida）早已是世界自行車十大暢銷品牌。台灣每年生產超過 440 萬輛自行車。許多國際名牌自行車也多委託台灣工廠生產。有 270 萬人以單車做為運動項目，70 萬人以單車為交通工具。單車環島更是最近最夯的運動項目。目前全台已建構完成 40 條自行車道，約有 1180 公里。其中大多沿河岸開闢。淡水到新店河岸自行車道全長 60 公里，假日騎乘人口更如過江之鯽。一方面運動休閒，另一方面親近河水，達到生態休閒旅遊的目的。

微笑單車（U-bike）

由台北市政府委託捷安特自行車建置和營運，並以「YouBike 微笑單車」作為對外的服務品牌（以 U-bike 為標誌）。它採無人化自助式服務，於 2009 年 3 月開始示範營運，最後在 2012 年 11 月正式啟用。YouBike目前已經發出 13 萬張會員卡，累計的租賃次數超過 100 萬人次。截至 2014 年 2 月，YouBike 在台北市共有 158 個租賃站點。這項創舉開辦之初虧損連連，後來改成前半小時免費及廣設據點，租乘才蔚為風氣，成了台北市一項特殊景觀。人們也可以在淡水自行車道上看到它的蹤影。

尋奇對話

Q 聽說你曾去單車環島過，總共花了幾天？

A 全程 900 餘公里，我們一共花了 9 天。不過專業型的可以 7 天，甚至 5 天，還有人挑戰 3 天！

Q 台灣的年輕人為什麼特別喜歡單車環島？

A 因為相當方便，這也是親近自己的土地的一種方式。網路也鼓吹愛台灣的三項運動：單車環島、登玉山、泳渡日月潭。

Q 聽說很多企業及單位為提醒員工多運動，還會舉辦企業團體自行車旅遊？

A 最有名的應該是捷安特自行車製造場老闆劉金標老先生，70 多歲的他還帶領高級主管單車環島好幾次！

Q 台北市的「微笑單車」相當有名，連《國際旅遊雜誌》
（*Global Traveler*）都曾專文推介。

A 2007 年法國巴黎街頭最早推出公共自助自行車（Vélib'），
帶起了一股自行車風潮，世界其他主要城市也紛紛跟進。
台北市的「微笑單車」租借系統便是取法巴黎，並將刷卡
系統結合捷運悠遊卡。

Q 外國觀光客也可以借用嗎？

A 當然可以！只要買一張捷運悠遊卡，在街頭的服務柱上自
行辦妥登記就可以了。

淡水を旅しよう

01：淡水の歴史

02：渡船場

03：紅毛城

04：教会、学校

05：観音山

06：淡水河岸

07：淡水老街

08：殻牌倉庫

09：滬尾砲台

10：漁人ふ頭

11：紅樹林

12：淡水小吃

13：淡水の文化活動

14：淡江大学

15：河岸サイクリングロード

Tamsui
01

歷史上的淡水

淡水の歴史

　淡水は台湾では最も伝奇的な町であり河港である。数百年以来、南海及び中国大陸から次から次へと移民が淡水に流れ込んでおり、その物語は今日になっても依然として貴重な価値を有している。観音山の山頂からは、河、山そして海に囲まれる淡水の「山城河港」としての地理的な特色が一望できる。三百年以上の歴史のある古城、旧市街にある伝統的な廟、異国情調溢れる洋風建築、変化豊かな景色、そして河沿いを走る MRT や自転車など、それらすべてがのどかな絵画となっている。

淡水の位置

淡水河の河口の北側にある淡水は台北盆地の北西部に位置している。西に台湾海峡に臨み、東は台北市北投区に、北は三芝区に隣接し、そして南は淡水河を隔てて八里郷が見えます。火山の大屯山の岩脈が広がった地形は地元では五虎崗と呼ばれて、平野は南の淡水河の河岸にしかありません。

新たな淡水八景

1. 埔頂の景色（紅毛城辺りの埔頂一帯）
2. 大屯山の眺め
3. 沙崙ビーチ
4. 淡水河の河岸
5. マングローブの森と関渡大橋
6. 淡水河の河口
7. 河にある観音山の投影
8 淡水老街めぐり

「淡水」名前の由来

　歴史学者・陳宗仁によれば、「淡水」は大昔、中国の船が航海に必要な淡水を取る寄港地を意味していたという。17世紀、西洋列強が東アジアに植民地勢力を伸ばしたとき、台湾は地理的に東アジア貿易の経由地となって、北台湾の河口の港としての淡水はますます重要な町となった。ヨーロッパの古い地図や文献のなかにある「Tanchui、Tamchuy」(スペイン語)、「Tamsuy」(オランダ語)など、すべて「淡水」を指している。17世紀当時、「淡水」はすでによく知られる地名となり、その範囲は淡水河の河口の海や、淡水港及びその周辺地域だった。

「滬尾」の意味

　淡水の旧地名。その由来について4説ぐらいある。(1)滬魚、(2)魚の尾ひれ(3)石滬(4)先住民族の発音。歴史学者の張建隆が書いた「滬尾地名考辨」によると、清の雍正年間に制作された地図『台湾附澎湖群島図』に「滬尾社」が記されているため、「滬尾」は先住民族の発音から来たものだという。

会話

Q 「淡水」って面白い地名ですね。

A 地名の由来についていくつかの説があります。そのうちの一つは、航海する漢民族がここで淡水を発見できたから、そう呼ぶようになったという。また「滬尾」という古い言い方もあり、それはおそらくここにいた最初の先住民族の名前だったんでしょう。

Q 漢民族に次ぎ、ほかにこちらに勢力を伸ばした国はどこですか。

A 最初はオランダでした。そのあと、フランスとイギリスで、そして最後は日本です。日清戦争で清朝を破った日本人は、割地賠償として台湾を 50 年間にわたって統治し、1945 年にようやく漢民族に返還しました。

Q ここは、今、完全に漢民族社会となっていますが、大量に漢民族が移住してきたのはいつごろでしょうか。

A 淡水は地理的に中国大陸とあまり離れていなくて、最短距離はおよそ130 キロです。18 世紀からすでに中国沿岸から制度外の移民が大量に流れ込んできました。そのため、淡水は台湾北部にある唯一で最大規模の港となりました。清朝が台湾を版図に入れて省を設置したのは1885 年です。

Q 淡水をロケ地にしたアメリカのハリウッド映画、『砲艦サンパブロ』（The Sand Pebbles）の主人公を演じたのはスティーブ・マックイーン（Steve McQueen）だったんでしょうか。

A はい、そうです。それは 1965 年に撮影された映画で、淡水は 1926 年の中国の長江の舞台として設定されています。内容は中国の内戦に巻き込まれたアメリカ海軍の砲艦サンパブロに関する話です。

Q 淡水に古跡がたくさんあるんですね。

A そうですね。台湾のほかの都市よりも古跡がたくさんあります。文芸活動も活発で、今は北台湾において重要なレジャー観光都市となっています。

キーワード・単語

01. 伝奇的　てんきてき　　　　　　傳奇性
02. 河港　かこう　　　　　　　　　河港
03. 流れ込む　ながれこむ　　　　　大量移入
04. 依然　いぜん　　　　　　　　　依舊是
05. 航海　こうかい　　　　　　　　航海
06. 先住民族　せんじゅうみんぞく　原住民族
07. 敗れる　やぶれる　　　　　　　戰敗
08. 返還　　へんかん　　　　　　　歸還
09. 沿岸　えんがん　　　　　　　　沿岸
10. ロケ地　ろけち　　　　　　　　拍攝地點
11. 巻き込む　まきこむ　　　　　　捲入
12. 文芸活動　ぶんげいかつどう　　藝文活動
13. 河口　かこう　　　　　　　　　出海口
14. 盆地　ぼんち　　　　　　　　　盆地
15.（海に）臨む　のぞむ　　　　　面臨～（景觀）
16. 隣接する　りんせつ　　　　　　緊鄰
17. 岩脈　がんみゃく　　　　　　　火山岩脈

Tamsui
02

渡船頭

渡船場

　　淡水にある渡船場は、大陸から漢民族が台湾に移住してきた時代には北台湾における最大の港であり、二、三百年前の風景及び様子は、現在では絵画や伝説から垣間見ることができる。その港の海運の機能は日本時代に入ってから基隆に取って代わられ、1982 年、関渡大橋の開通によって渡し船が次第に利用されなくなった。現在、残っているのは淡水と八里を結ぶ航路だけだ。その船は船体が青く、淡水河の上をゆっくりと渡っている風景は桃源郷のような雰囲気をかもし出している。2004 年、浮動式のふ頭が完工しブルーライン（海の道）も運航開始したため、小型遊覧船が繋留できるようになった。それによって漁人ふ頭、八里の渡船場、「八里左岸」という八里の海岸沿いと、関渡を巡航する観光路線が誕生し、新たな観光スタイルになっている。

淡水の渡し船

　淡水の渡し場は北台湾の近代史にお
いては重要な港であって、船の往来が
頻繁であった。観覧船用の新型ふ頭は
2004年に完工。浮動式のふ頭は小型
遊覧船の停泊に便利なほか、淡水の
水運と観光の発展にも大きな効果を
与えている。遊覧船の巡航によって
漁人ふ頭、八里左岸などの隣接した
観光スポットが結ばれるようになって、観光客たちは気軽に
足を延ばせるほか、河から陸を眺める旅を楽しむこともできる。夕方になる
と、夕日に映えて黄金に輝く河の水面と遠方にそびえている観音山がまるで
大型の山水画のように見える。また観覧船の上から淡水河の沿岸や関渡大橋
を眺めるのもとても風情がある。

ブルーライン

　ブルーライン（「藍色公路」）は
淡水河と基隆河の観光用の水運を開
発する発想からできたものであっ
た。2004年2月より運航を開始し、
現在国内の河川航路は全部で8本あ
り、旅客数も100万人を超えてい
る。船の中では案内人による説明もあり、河の沿岸の生態
系を近くから観察しながらの、のどかで知性的な旅となるだろう。淡水発な
ら、北台湾ブルーラインと北海岸ブルーラインの2本がある。これで淡水の
観光エリアが拡大されたと同時に、レジャーのスタイルも多様になった。日
本人観光客により楽しんでもらうため、日本語のガイドも用意されている。
淡水河の向こう岸にある台北港では、より多くの中国人観光客を誘致するた
め、福州への直行便も計画されている。

淡水の夕日

　　山と河に隣接している淡水の夕日は表情がとても豊かで、これまでおおぜいの文学者や画家、カメラマンなどを魅了してきた。特に空が高いさわやかな秋に、河、街、そしてここを歩く旅人のすべてに映える夕日は、人々に何とも言えない幸福感を与える。

流浪到淡水

作詞、作曲 / 陳明章　編曲 / China Blue

縁があろうとなかろうと、みんな仲間だ。

乾杯しよう、飲み干そう

アコーディオンとギターでコンビを組んで

流しをしながら淡水にやってきた

ふるさとの愛しい人を思えば、こんなにも思いがこみ上げる

ダメだと分かってもひたすら思い続けるバカな俺

焼酎は憂鬱な気分を取り去ってくれる

過去は夢のなかの出来事にしてしまおう

ふるさとの愛しい人を忘れたくて　異境の地で　新たな生活を始める

目立ちたいんじゃない　自分を取り巻く環境はこういうものだ

お呼びがかかれば　雨でも風でも必ず向かう　あの人のために未練のラブソングを歌うのさ

人生は浮き沈みがある　悩むことはない　うまくいく時もあれば　そうでない時もある

今夜はいっそう楽しくすごそうじゃないか　君が躍るなら　俺は歌おう

縁があろうとなかろうと　みんな仲間だ　焼酎で乾杯しよう

（三回繰り返し）

会話

Q 淡水に行くのは本当に便利ですね。MRT（都市鉄道）台北駅から淡水駅までたった 35 分ぐらいで着くし、沿線の景色も素晴らしいです。

A MRT の線路が整備されるにつれ、遠方からの観光客も手軽に淡水に行けるようになりました。

Q MRT 以外にも便利な行き方があるみたいなんですけど。

A 台北市内から淡水に行くには道路か水路があるけど、運転しない人にとっては MRT が一番便利でしょう。MRT は 1997 年に開通しました。その路線の一部には、日本時代に開通し、1901 年から 1988 年まで運行した淡水支線が使われています。

Q フェリーで淡水に行くこともできるんですね。

A そうなんです。2005 年に、台北旧市街の大稲埕から淡水、河口にある漁人ふ頭を結ぶフェリーが運航開始しました。フェリーのなかで特におすすめなのは、美食を楽しめるレトロなデザインのレストラン船「大河号」です。

Q 淡水は人口が多くて、特に若者の人数が多いように感じますけど。

A 淡水区の人口はおよそ 15 万人ぐらいですけど、実際、もっと多いはずです。というのは、大学が 5 つもあって、人口の流動が頻繁ですから。台北に隣接して交通の便もいい淡水は、台北市内と比べてマンションの値段が若干安いから、淡水に移住する若い夫婦が増えています。

Q 観光客もとても多いんでしょう。

A ええ。淡水の夕日は台湾八景の一つで、以前から観光客でにぎわっていました。今でも人気のある観光スポットのベストテンに入っていますよ。毎年、観光客数は 500 万人に達しています。

キーワード・単語

01. 渡し船　わたしぶね　　　　　　　　　　渡船
02. ふ頭　ふとう　　　　　　　　　　　　　碼頭
03. 渡船場　とせんば　　　　　　　　　　　渡船場
04. 垣間見る　かいまみる　　　　　　　　　從中窺探
05. 取って代わる　とってかわる　　　　　　取代
06. 桃源郷　とうげんきょう　　　　　　　　世外桃源
07. 雰囲気　ふんいき　　　　　　　　　　　氣氛
08. かもし出す　　　　　　　　　　　　　　醞釀出…
09. 観覧船　かんらんせん　　　　　　　　　觀光船
10. 停留　ていりゅう　　　　　　　　　　　停靠
11. MRT　えむあーるてぃー　　　　　　　　捷運
12. 手軽　てがる　　　　　　　　　　　　　輕便、方便的
13. 眺める　ながめる　　　　　　　　　　　眺望
14. 頻繁　ひんぱん　　　　　　　　　　　　頻繁
15. 観光スポット　　かんこうすぽっと　　　觀光景點
16. そびえる　　　　　　　　　　　　　　　聳立
17. 映える　はえる　　　　　　　　　　　　照映
18. 輝く　かがやく　　　　　　　　　　　　發亮、閃爍
19. 風情　ふぜい　　　　　　　　　　　　　情調
20. 誘致　ゆうち　　　　　　　　　　　　　招攬

Tamsui
03

紅毛城

紅毛城

　　紅毛城は 1628 年、台湾北部を拠点としていたスペイン人によって建築され、スペイン勢力撤退後は、1644 年にオランダ人が再建した。当時、現地の漢民族が西洋人を「紅毛」（赤い髪の毛）と称したことから、ここは「紅毛城」と呼ばれた。オランダ人の勢力を台湾より駆逐した鄭成功はしばらく紅毛城を管理し、その後、清朝は淡水防衛のためここを修復した。1867 年にイギリスは清朝と永久租借協定を締結し、翌年、領事館として紅毛城内にビクトリア風の建築物を建てた。1972 年に台湾とイギリスが断交してからは、紅毛城はオーストラリア、そしてアメリカに管理され続けて、1980 年にようやく台湾政府に返還された。現在国家一級古跡に指定されている。2 度目の修築作業を終えた 2005 年 7 月以降、「淡水古跡博物館」と改称された。

滬尾紅毛城

「…遠く眺めれば一すじの波、隆々と雷のごとく、人に種々なことを連想せしめる。夕日が西に沈み金色に耀く空の色は千変万化。」

呉子光は、苗栗出身で清朝末同治帝時代の挙人であった。中国の古典的書籍の経史子集の内容を熟知した呉は「1900以前の台湾一の学者」とも呼ばれ、丘逢甲はその弟子のひとりである。1866年、淡水港より船で中国に受験に赴くとき「滬尾紅毛城」という文を書いた。

オランダの要塞

スペイン人が建築した「紅毛城」のなかにある主な建物・ドミニカ城は、最初は木造建築物だった。一度漢民族に焼かれて1637年に石材で再建されたが、工事が完工した直後、スペイン軍の撤退が決定し、城を破壊する命令が下された。1644年5月、オランダ軍による再建工事が開始したとき、石材が建築材として使われた。またインドネシアから上質な石灰とレンガが輸入され、基礎も深く掘られており、それらの工法からも強固な建物を建設する決心が見られる。1662年、鄭成功が台湾南部のオランダ人を成功に駆逐したあと、駐留した軍隊も鄭と共にここから撤退した。1863年からこの土地を租借したイギリスは、砲台のあった場所に領事館の事務室、住宅、方形の牢屋を建てた。

英国領事館公邸

　淡水にある英国領事館公邸は、赤レンガで作られたベランダ付きのコロニアル様式の建築物である。半円アーチ設計の廊下と傾斜した屋根などは、すべて熱帯地方の気候に合わせたデザインである。当時、淡水駐在中のイギリス人領事は母国の建築家にデザインを依頼したものの、赤レンガや工事を行った匠たちはすべて福建かアモイから来ていたと思われる。領事館公邸一階の西側に客間と書斎があり、東側にダイニングとキッチン、後ろ側にランドリーと使用人部屋数室がある。周囲は芝生に囲まれてバラ園もあるこの公邸の廊下はティータイムの良い場所である。東アジアにわずかに残る、大英帝国の早期の洋風建築である。建材にこだわりがあるだけではなく、デザインも相当凝っている。この公邸は大英帝国が東アジアに残した数少ない、早期の洋風建築物である。

会話

Q イギリス人も漢民族にとって「紅毛」だったのでしょうか。

A ええ、そうですね。髪の毛がブラウン色であることから、昔、台湾の漢民族たちはよく「西洋人」を「紅毛」（赤毛）と呼んでいました。400年近くの歴史をもつ紅毛城はこれまでスペイン、オランダ、明朝の鄭成功、清朝、イギリス、日本、アメリカ、オーストラリアなどの政府により管理されていました。紅毛城の歴史を語ることは、台湾の近代史を語っているようなものです。

Q イギリスが台湾に設置した「領事館」はどのぐらいあったのでしょうか。

A 3つです。年代順で並べると高雄、台南の安平、そして淡水となります。3つともビクトリア様式の建物、いわば「コロニアル」様式の建築物です。設置された年代がいちばん遅かったとはいえ、建物の規模にしても眺めや保存状態にしても淡水が最も優れています。

Q 当時、領事館の業務が多かったのでしょうか。

A 1860年に締結された北京条約により淡水港が開港され、それ以降、貿易額が大幅に増加しました。当時の主な輸出品はお茶と樟脳で、主要な輸出先は中国でした。

Q **1895 年に、台湾が日本の植民地になってからもイギリス人が滞在していたのでしょうか。**

A ええ、国際法の規定によりこの土地の所有権は依然としてイギリスにあったので、第二次世界大戦の半ば頃までイギリス人が滞在していました。戦後も、所有権は再び中華民国政府からイギリスに返還されました。

Q **イギリス人による返還はなぜ 1980 年まで待たなければいけなかったのでしょうか。**

A イギリスは 1867 年に紅毛城の永久租借協定を結びました。1972 年の台英断交のあとも、イギリスはここを返還しようとしませんでしたが、地方及び中央政府の奮闘により 1980 年にようやく我が国に所有権が移管されました。

キーワード・単語

01. 撤退　てったい　　　　　　　　　　　撤退
02. 称する　しょうする　　　　　　　　　稱呼
03. 永久租借協定
　　えいきゅうそしゃくきょうてい　　　永久租借條約
04. 締結　ていけつ　　　　　　　　　　　締結
05. （ビクトリア）様式　ようしき　　　　（維多利雅）式、風格
06. 鄭成功　ていせいこう　　　　　　　　鄭成功
07. コロニアル　　　　　　　　　　　　　殖民地的
08. アモイ　　　　　　　　　　　　　　　門
09. 樟脳　しょうのう　　　　　　　　　　樟腦
10. 返還　へんかん　　　　　　　　　　　歸還
11. 壊滅　かいめつ　　　　　　　　　　　毀壞
12. 強固　きょうこ　　　　　　　　　　　堅固
13. 牢屋　ろうや　　　　　　　　　　　　牢房
14. 赤レンガ　　　　　　　　　　　　　　紅磚
15. 基礎　きそ　　　　　　　　　　　　　地基
16. 断行　だんこう　　　　　　　　　　　斷交
17. 輸出先　ゆしゅつさき　　　　　　　　輸出地方
18. 要塞　ようさい　　　　　　　　　　　軍事要塞
19. （命令を）下す　くだす　　　　　　　下命令
20. 半円アーチ　はんえんあーち　　　　　半圓形

馬偕、教會、學校

Tamsui
04

マッケイ、教会、学校

　カナダ人のマッケイ（中国語で「馬偕」）は淡水でもっとも有名な外国人で、その名が付けられた道路もある。彼が創設した馬偕記念病院は今でも大いに社会に貢献している。マッケイ博士は生涯、医療、宣教、教育といった事業に身をささげ、30年間ぐらい淡水を自らの故郷のように思い、そしてここで生涯を閉じた。27歳の時、故郷を離れ、1872年3月に淡水に到着した彼は、キリスト長老教会の宣教活動をするため、ここに根を下ろすことにした。カナダとアメリカで集めた募金で創設した医療施設は、清仏戦争の時、負傷した清朝の兵士を治療した。医学の訓練は受けていなかったものの、虫歯の治療で台湾人の歯を2万本ぐらい抜いたそうだ。また大根、トマト、ブロッコリー、ニンジンなどの野菜の種子を外国から輸入した。

淡水礼拝堂

　馬偕街に位置している。現在の建物は 1932 年に再建されたもので、デザインはマッケイの息子ウィリアム牧師（中国名：偕叡廉、George W. Mackay）によるものだ。ゴシック風を真似た赤レンガ造りの建物に四角い時計台があり、その内部の天井は板張りとなっている。1909 年からずっと使用されてきたオルガンも保存してある。淡水礼拝堂は台湾キリスト教長老教会の集会所で 300 人ぐらい収容可能。1986 年に一度屋根の修復工事が行われたが、教会の外側は高品質の煉瓦からできて、模様もユニークだ。建築士は当時の洋館建築の名匠、洪泉、黄阿樹だと言われている。地元のシンボルでもあるこの礼拝堂は、画家たちが好んで描くスケッチの題材でもある。

マッケイ宣教師

　マッケイ（George Leslie Mackay, 1844 － 1901）は、カナダに生まれた医師であり長老教会の牧師である。台湾では「マッケイ博士」か「カイ牧師」と呼ばれている。西洋の歴史学者は彼のことを「錆び付くより今燃え尽きるほうがいい」（Rather burn than rust out）と称えている。1871 年に高雄に到着し、翌年淡水で布教活動を開始。福建語（閩南語）を習うほか台湾人の妻と結婚。各地を旅行しながらキリストを宣教し、台湾北部及び東部に 20 あまりの教会を設立した。1882 年にオックスフォードカレッジ（現真理大学）を設立し、その 2 年後、初の女学校・婦学堂を設立。息子のウィリアム牧師がその事業を継承し、淡江中学校を創設した。著書に『マッケイ日記』があるが、全部で 70 万字ほどにもおよび、三部に分けて出版されている。

淡江中学校

　かつて淡水中学校、淡水女子高校とも呼ばれていた淡江中学校は、1914年にカナダの長老教会の宣教師マッケイ父子によって創設され、台湾では数少ない百年以上の歴史をもつ学校である。周囲は緑に囲まれ、山や海に面したきれいな場所にある。建物のデザインは欧米の名門校に中国の伝統建築要素が融合され、人文思想を啓発し、育むよい環境となっている。学校の精神的なシンボルである「八角塔」は、カナダ宣教師・K.W. ダウィンによるデザインで、中国の仏塔とヨーロッパのビザンチン様式を融合した独特の姿をしている。1925 年に竣工。

会話

Q 淡水の旧市街に「馬偕街」という道があって、そのロータリーの入り口に半身大のマッケイの銅像があるんですが、このカナダの方は淡水の名誉市民なんでしょうね。

A ええ、そうです。マッケイは台湾に 30 年間住んでいて、淡水を拠点に医療、宣教、教育活動を行い、台湾人のために献身的に働いていました。

Q スペイン、オランダ、そしてあとにやって来たフランスや日本、イギリスなどといった利益の獲得を目的とした強国と比べて、カナダ人のマッケイがやったことにはとても感心しますね。

A マッケイ博士は台湾に現代医学を紹介し、治療だけではなく医療人材をも育てていました。募金で設立された病院は今、大型現代病院「馬偕記念病院」にまで発展し、いま、全病床数は 3000 床あまり、7000人近くのスタッフがいます。また馬偕看護学校や馬偕医学院もあります。

Q 淡江中学校はとてもきれいで、名歌手・作曲家、ジェイ・チョウ（周杰倫）の母校でもあると聞いていますが。

A 淡江中学校は台湾初の洋式の学校で、校舎のなかにある建物もキャンパス風景もとてもきれいで、漢民族が生活していた地域と対照的です。創立者はマッケイ博士ですが、規模を拡大したのはその息子です。開放的な雰囲気に満ちたこの中学校は、文化芸術、経済貿易の人材が多数輩出し、元総統の李登輝もこちらの卒業生です。

Q 淡江大学もこの中学校と関係があると聞いていますけど。

A そうですね。淡江大学区の創設者・張驚聲博士は日本留学から帰国した時、大学を創設しようと考えていました。淡江中学校の校長として招聘を受けてから、資金を作り土地を入手した結果、1950年にようやく淡江大学を創立する運びとなったのです。創立当初、大学の住所は淡江中学校の住所を使っていました。

Q ジェイ・チョウがここをロケ地に映画を制作したようですね。

A ええ、『言えない秘密』（2007）という映画です。実は、淡水は映画のロケ地として昔から人気がありました。たとえば『砲艦サンパブロ』や『我們的天空』（『我々の空』1986）、『囧男孩』（邦訳：『Orzボーイズ』2008）、そしてドラマに『青梅竹馬』（『幼なじみ』2009）などがあります。

キーワード・単語

01. （名を）つける   取名
02. （身を）捧げる　ささげる   奉獻
03. （生涯を）閉じる　とじる   過世
04. （根を）下ろす　おろす   在地生根
05. ブロッコリー   花椰菜
06. 強国　きょうこく   強國
07. （人材を）育てる　そだてる   培育（人才）
08. 洋式　　ようしき   西洋風格
09. 校舎　こうしゃ   學校建築
10. キャンパス   校園
11. 対照的　たいしょうてき   對比的、對照的
12. 輩出　はいしゅつ   輩出
13. 招聘　しょうへい   聘任
14. 板張り　いたばり   鋪木板
15. 布教　ふきょう   傳教、宣教
16. （山に）面する　　めんする   面對（山）
17. 融合する　ゆうごう   融合一起
18. シンボル   象徵性的東西、象徵
19. ビザンチン   拜占庭
20. 育む　はぐくむ   培育、孕育

Tamsui
05

觀音山

観音山

　淡水河の左岸に位置する標高 616 メートルの山。西側は台湾海峡に臨み、北東は淡水河を挟んで関渡と向かい合う観音山は、かつて淡水八景の一つ「坌嶺吐霧」（峰の集まりが霧を吐く）として歌われ、登山やハイキングに適している。峰の一つ「硬漢嶺」にはお寺が多数あり、中には観世音菩薩を祀るものも含まれる。オランダ時代に淡水山（Tamswijse berch）と称されたここを、漢民族は麓に原住民部落八里坌社があったことに因んで八里坌山と呼んでいた。観音山と改称された理由には二説あり、一つは 1752 年に貢生（明、清二代の秀才）だった胡焯猷が山路に大士観音像を建てたことによる説、もう一つは、関渡の方向から眺めた際、起伏している山稜が仰向けの観音菩薩の横顔に見える、という説だ。

観音菩薩の伝奇話

観世音菩薩（Avalokiteśvara）は観自在菩薩とも言われ、略称で「観音菩薩」という。東アジアの民間信仰ではよく祀られる菩薩であり、台湾の民間信仰における「家堂五神」（神棚でよく祭られる神仏像）のなかで一番目の神でもある。台湾では一般的に、観音菩薩が画かれている「仏祖絵」を、朝晩に神棚に飾られる神仏像とともに拝んでいる。仏教の教典によれば、慈悲心に溢れる観世音菩薩は、いかなる災難に見舞われても「観世音菩薩」を念じればすぐ苦難から救済してくれるため、「大慈大悲観世音菩薩」とも称され、仏教では最も名高い大菩薩である。「家々に阿弥陀仏があり戸々に観世音あり」と賞賛されている。

福佑宮

淡水最古のお宮。1732年頃にできたと推測され、1796年に再建され今日に至る。ここで祀られている媽祖は、かつて船の渡航者や貿易活動を守る神様で、お宮自体も淡水全地域で信仰の中心的存在である。お宮の両側にある街道は淡水最初の街である。その正面が港だったため、この一帯は淡水街の発足地となったのである。清仏戦争（1884〜1885）の時、淡水の守備隊がフランス軍の上陸を拒んだことから、清の光緒帝が福佑宮に「翌天昭佑」という額を寄進した。現在、国家三級古跡に認定され、額、石柱、石碑などといった歴史文化物も保存されている。1796年に設置された石碑「望高樓碑誌」に、灯台建設のために募金をした淡水の商人に関する記載がある。

十三行博物館

　　淡水河河口の左岸にある考古博物館。1957年地質学者林朝棨の探察発見により「十三行遺跡」と命名された（第二級国家古跡）。その後も、今から約1800年から500年前の、台湾前史時期の前鉄器時代文化を代表する文物や埋葬品などが、考古学者たちによって続々と発掘されてきた。これらの物は台湾平埔族のケタガラン人の祖先と密接な関係があると推測されている。掘り出される重要なものに陶器、鉄器、埋葬品、他族との貿易品などがある。1989年に工事開始、2003年4月より開館。その周辺地域に遺跡古跡が多いほか、自然保留地、河岸景観、歴史民族、産業文化及び公共施設などといった観光資源があり、それらが「淡水河八里左岸文化生態園区」を形成している。

会話

Q 「十三行」という呼び方の由来は何でしょうか。

A 清の時代の末期に十三軒の洋行（貿易会社）がここで分店を設立したことから、地元ではそう呼ばれていた。

Q 昔、ここにいた住民はすべて航海者だったのでしょうね。

A そうですね。台湾原住民はすべて航海者の子孫です。16種族がそれぞれ異なる時期に、大陸沿岸や近辺の島々から丸木舟（Banka）に乗って命がけで渡って来ました。1500年前から2000年前までここで生活していたのは、台湾北部の平埔族のなかのケタガラン族です。

Q 直航の船でここから中国へ行けますか。

A はい、できます。2013年10月より台北港（八里）から直行便が始まり、3時間で福州（平潭）まで渡航できるようになりました。大昔、漢民族が台湾にやってくるのには、数日間もかかりましたよ。

Q 観世音菩薩は男ですか、女ですか。

A 仏教における仏は性別を超えるものだと考えられていますが、唐の時代 (618-907) に男性として建立されることが多かったです。今、女性化したのは、救世すると女性として現れてきたためか、苦難を救済する母性愛を象徴するためであるからです。

Q 「媽祖」はどんな神でしょうか。

A 約千年前の宋の時代 (960-1279) に実在した、ある漁師のうちに生まれた林黙娘という女性です。我が身を捨てて海難事故に遭った父兄を助けたから、航海安全を守る印象がつけられたのです。媽祖信仰は中国の華南沿岸部の各地及び東南アジアに及び、信者は 2 億人を超えているそうです。台湾だけでも媽祖を祀るお宮は 900 軒を超えていますよ。

キーワード・単語

01. 祀る　まつる　　　　　　　　　　祭拜
02. 山稜　さんりょう　　　　　　　　山陵
03. 仰向け　あおむけ　　　　　　　　仰躺
04. 洋行　ようこう　　　　　　　　　洋行
05. 異なる　ことなる　　　　　　　　不同
06. 丸木舟　まるきぶね　　　　　　　獨木船
07. ケタガラン族　　　　　　　　　　凱達格蘭族
08. 観世音菩薩　かんぜいおんぼさつ　觀世音菩薩
09. 漁師　りょうし　　　　　　　　　漁夫
10. （海難事故に）遭う　　あう　　　（海難）遇到…
11. 身を捨てる　みをすてる　　　　　捨身
12. 掘り出す　ほりだす　　　　　　　挖出來
13. 発掘　はっくつ　　　　　　　　　挖掘
14. 遺跡　いせき　　　　　　　　　　遺址
15. 埋葬品　まいそうひん　　　　　　陪葬品
16. パーク　　　　　　　　　　　　　園區
17. 渡航者　とこうしゃ　　　　　　　渡船者
18. 清仏戦争　しんふつせんそう　　　中法戰爭
19. 避ける　さける　　　　　　　　　避開
20. 灯台　とうだい　　　　　　　　　燈塔

淡水河岸

Tamsui
06

淡水河岸

　淡水の旧市街から小漁港までのあいだの1.5キロほどの河岸は、淡水区役所によって「金色水岸」と命名されたが、その理由は、この付近が夕日に映えて黄金色に見えることから。道沿いに並木のある歩道、親水テラス、水上舞台、コーヒーエリア、潮観湾、観潮芸術広場などの施設がある。小漁港には、樹齢百年のガジュマルが8本あり、ここは夕涼みや釣り、夕日観賞の場所として親しまれている。商店が展示に提供した3点の彫刻、余蓮春の「戯魚」、上原一明の「舟月」、頼哲祥の「迎曦」は河岸に芸術的な雰囲気を添えている。特色のあるコーヒーショップ、エスニック料理、創作料理の店がずらりと並んで、散歩やリラックスに格好の観光地だ。

民歌

「民歌」とは一般人が作詞、作曲、演奏する流行曲のこと。当初、大学で歌われていたため「学園民歌」とも名付けられた。これは社会を反省するエネルギーであり、若者たちの心の叫び声を表現するものでもある。1970 年代末に巻き起こされたこのブームは、台湾における郷土意識を呼び起こし、文芸を生み出す力となった。その中心人物は淡江大学のOB である李雙澤（1949 － 1977）だ。淡江大学で行われるあるコンサートのなかで、彼はコカコーラを手にしながらステージに上がり、観衆に質問した。「欧米でも台湾でも同様にコカコーラが飲まれたり西洋音楽が聞かれたりしている。そのなかで我々にしかない歌はいったいどこにあるのだ」と。これを聞いた観衆が騒然としたとき、彼は李臨秋（1909 － 1979）の曲をギターで演奏し始め、熱い共鳴を引き起こした。

河岸の写真と絵

山と海に面した淡水は、昔、北方大港と呼ばれ、人文歴史が豊かな街である。早くからの開港の結果、西洋と東洋の融合によって独特の風景が生まれたため、文人詩人に歌で詠まれたり絵画の題材となったりする。

日本時代から画家たちの「聖地」と称されたため、おおぜいのプロの画家が訪れてきた。ヨーロッパの街の風景、アメリカンスタイルのゴシック風の教会、河岸に泊まる船舶、水面を横切る渡し船、観音山の起伏、霧のかかる河口など、いずれも絵画の格好の題材となる。ここを訪れていない近代の台湾人西洋画家はいないほどであり、時代を超えた淡水の風景が多く残されている。

葉俊麟の幻想

　1957 年、撮影チームと共に淡水に来た脚本家の葉俊麟が、夕方に独りで河沿いを散歩した時の出来事。夕日がゆっくりと沈み、ふ頭に漁船を迎える時間帯に、どこかからかすかに聞こえてきた歌声を追ってみると、それほど遠くない坂道のペントハウスの門の後ろに女性が佇んでいるのが見える。ふ頭の家族団らんの情景を眺める彼女のまなざしにあまりにも感動し、この名曲を創作した。

淡水の夕暮れ

作詞 Lyricist / 葉俊麟 Ye Jun-Lin　作曲 Melodist/ 洪一峰 Hong Yi-Feng、1957 年

夕暮れに近い頃、水面が彩られて、老若男女が漁船の帰りを待っている

半ば開いた桃色の窓より　哀れな琴の音流れきて　ああ、誰も知らない我が心

朦朧とした月光　浮かび出る紗帽山　川の流れに水影の色が変わり

海風が寒い

一人ぼっちの小鳥が　ふ頭にとまっている　ああ…美しい鳴き声が心を動かす

詩情に溢れる淡水の黄昏　夜霧がたちこめ　教会の鐘声が虚しく

海の向こうに響き

埔頂にあるかすかな灯り　天の星のように輝く

ああ…人を悲しませる忘れ難い情景

会話

Q 淡水は多くの観光客が訪れてきて、みんな MRT で来ているんでしょうかね。

A ええ、1997 年に MRT が開通した当初、利用者が少なくて赤字だったけど、今は乗客が多く、休日や祭日になったら空き席がほとんどないぐらいです。

Q 最大どれぐらい来ているんでしょうか。

A そうですね。 2014 年の正月休み中の、天気が良く暖かい日に、一日で 10 万人突破した記録があります。河沿いと淡水老街は混雑してあまり前に進めなくて、缶詰状態でした。

Q そんなに混雑していたら、観光やレジャー活動ができるんでしょうか。

A 混雑期は人混みでたいへんですけど、実は平日や朝の淡水は静かでのんびりとした街なのです。

Q 淡水は台湾の民歌の発祥地で、歌の題材にもよく出てくるんですが、淡水に音楽学校はありますか。

A 関渡の国立台北芸術大学の音楽学科だけですが、それは関係ありません。淡水を題材にするものは庶民の感覚に近い曲となりやすいのです。例えば 1997 年に陳明章が作詞作曲した「淡水への旅路」はとても人気を博していました。

Q 淡水の河沿いは昔と比べてどう変わりましたか。

A ここは小さな漁港で、魚のにおいが街に充満し、観光客もあまり来ませんでした。河の向こう側の八里も含めて、今、観光リゾート地となった河沿いは近代感に溢れ、ビジネスの雰囲気も満ちています。

キーワード・単語

01. 道沿い　みちぞい　　　　　　　　　　　　沿路
02. ガジュマル　　　　　　　　　　　　　　　榕樹
03. 夕涼み　ゆうすずみ　　　　　　　　　　　乘涼
04. 親しまれる　　したしまれる　　　　　　　受大家所熟悉
05. 添える　　そえる　　　　　　　　　　　　增添
06. エスニック　　　　　　　　　　　　　　　異國的
07. ずらり　　　　　　　　　　　　　　　　　並列地
08. 缶詰状態　　かんづめじょうたい　　　　　擁擠狀態
09. 発祥地　　はっしょうち　　　　　　　　　起源地
10. リゾート地　　　　　　　　　　　　　　　休閒度假之處
11. ペントハウス　　　　　　　　　　　　　　閣樓
12. 佇む　たたずむ　　　　　　　　　　　　　佇立
13. 家族団らん　かぞくだんらん　　　　　　　家族團聚
14. 追う　　おう　　　　　　　　　　　　　　追尋
15. （詩情）に溢れる　　あふれる　　　　　　充滿（詩意）
16. 郷土意識　きょうどいしき　　　　　　　　鄉土情懷、鄉土意識
17. 騒然とする　そうぜんとする　　　　　　　騷動
18. （共鳴を）引き起こす　ひきこす　　　　　引發（共鳴）
19. ゴシック風　　ごしっくふう　　　　　　　哥德式
20. 訪ねる　　たずねる　　　　　　　　　　　拜訪、造訪

144

淡水老街

淡水老街

　　かつて台湾北部の第一の港である淡水は、基隆港の発展と土砂堆積のため、商港としての機能がしだいに後退し、一度地方の一漁港までさびれたが、今日では観光レジャーの街に風変わりした。中正路の老街あたりでは、洋風の建物がそびえているなかに古風な煉瓦造りの店舗が混ざり、それが地元の開発史を反映するものに見える。古寺やお宮がある坂道を散策しながら淡水老街をめぐったら、先人たちの生活を追体験できるだろう。老街は中正路、重建街、清水街あたりに位置し、淡水駅にも隣接するため、休日にかなり混雑する。特に中正路は一番にぎやかな街で、グルメのほかアンティークや民芸品の店もあり、エスニックかつレトロな雰囲気が醸し出されている。

重建街

　　山崙山のうえにある重建街は古くから形成された商業街のため、淡水地元の雰囲気を体験するにはいい道でもある。本来は5，6百メートルぐらい曲がりくねったこの歴史街道は、かつては「頂街」（頂にある街）であり、下はふ頭に、上は村落につながっていた。19世紀末からの50年間、街は繁栄していた。数少なくない淡水の政治や金融、教育界の名人は代々ここに住んでいた。起伏あり平坦な坂道でない坂道のため、路面と家屋とのあいだに落差が生じて、かなりユニークな風景となる。今、まだ何軒か長屋が保存されており、古めかしい風情をなしている。

重建街に「いいね」を

　　「『中国時報』謝幸恩が取材2013.12.02」230年以上の歴史をもつ淡水の重建街には、古跡が4箇所以上ある。安全への配慮という理由で、行政側は第二段階の道路拡大工事をこの年末に実施しようとしたが、文化工作室の人々がネット上で「讚滿重建街」（重建街に「いいね」を）への参加を呼びかけ、たった一日で数百人の支持者が集まり、理性的に市政府に「現地保存」するようと訴えた。長さたった380メートルぐらいの道はすべて石材でできたもので、婉曲した道沿いの両側に文芸情緒溢れる古い屋敷があるのが見える。清仏戦争のとき、銃弾が貫通した穴がまだいくつかの屋敷で見られると地元の住民が話している。

ホワイトハウス（白楼）

　三民街周辺の坂道に位置し、1875年頃に建設された白楼は、外壁の白灰色に因んでそう呼ばれていた。板橋の富豪・林本源の出資でマッケイの弟子・厳清華が建設したここは、ユダヤの商人に貸してから、一度マンションの庭として使用された。1992年の火事で全体が改築された。前代では多くの画家たちの絵画に登場してきたが、そこからかつての面影を偲ぶのみである。2009年、淡水文化基金会が、色彩水墨画家の粛家進に、白楼の跡がある坂道の右側の壁に壁画を描いてもらい、白楼の面影を周辺の景色のなかに融合させようとした。壁画は数ヶ月かけて完成。この場所からは淡水の町が鳥瞰できるため、人の心をもっとも驚かせる公共芸術となっている。

レッドハウス（紅楼）

　海運商人・李貽和の家屋で、今はなき「白楼」と並び称されていた。1899年に完工したが、会社の二隻の貨物船が沈没事故に遭ったため、1913年に台北庁知事・洪以南に転売された。「達観楼」という雅号は持ち主の洪がつけた。紅楼は洋風建築物で外観は英国領事館公邸に近い。建物の前に広い庭があり、周囲に小道や階段が設置され、以前は最も眺めがいい家屋だった。1963年に、「徳裕魚丸」の洪炳堅夫婦に再び転売。1999年に建築、歴史、芸術などの分野の専門家の指導のもとで修復工事が行われた。2000年元旦から、レストランと芸文館が複合した店として営業を開始した。

会話

Q 平和に老街の保存活動を呼びかける文化人がいるけど、どうやって集まったんでしょうか。

A 歴史のある町ではよく「文史工作室」という組織が結成され、そこで定期的に集会や討論会が開かれたりします。それはネットを通して組織されるのだと思われます。

Q 台湾ではフェイスブックの使用率の高さは世界的に高いと言われていますけど。

A 利用者はどんどん増えています。以前はにぎやかだったバスや電車の車内も、その普及度が高まるにつれ、静かになっています。老若男女がスマートフォンをいじっているからです。

Q 重建街の上り坂にある階段は古風に溢れたユニークなもので、段差が低くて歩きやすいです。

A その階段は百年から二百年の歴史があります。当時人声でごった返した場面が想像できるでしょう。荷物の運搬のために段差が低く作られているので、年寄りにとっても歩きやすいです。

Q 「讃滿重建街」というのはうまい言い方ですね。

A 中国語の「讃」（「いいね」）は、「站」（「立つ」）の台湾語訛りの発音と同じです。「讃」は「支持、同意する」意味で、「站」は「出席、占拠する」という意味です。

Q 質問：「紅楼」は繊細に修復されたから、当時の面影と華麗さを想像させますね。

A 夕日や夜景の眺めはとても素晴らしいですよ。入ってコーヒーをご馳走しましょうか。

キーワード・単語

01. 土砂　どしゃ　　　　　　　　　　土石
02. 堆積　たいせき　　　　　　　　　堆積
03. 後退する　こうたいする　　　　　凋落、退歩
04. さびれる　　　　　　　　　　　　荒廢
05. 風変わりする　ふうがわりする　　風格改變
06. 追体験　ついたいけん　　　　　　模擬經驗、體驗
07. グルメ　　　　　　　　　　　　　美食
08. アンティーク　　　　　　　　　　古董
09. 民芸品　みんげいひん　　　　　　民間工藝品
10. レトロ　　　　　　　　　　　　　懷舊
11. フェイスブック　　　　　　　　　臉書
12. スマートフォン　　　　　　　　　智慧型手機
13. いじる　　　　　　　　　　　　　操做
14. 段差　だんさ　　　　　　　　　　高底差
15. ごった返す　ごったがえす　　　　鼎盛、混亂
16. 面影　おもかげ　　　　　　　　　樣子
17. 婉曲する　えんきょくする　　　　蜿蜒
18. 要人　ようじん　　　　　　　　　政要
19. 〜に因む　〜にちなむ　　　　　　因〜之故
20. 偲ぶ　しのぶ　　　　　　　　　　緬懷

152

Tamsui
08

殼牌倉庫

殻牌倉庫（シェル倉庫）

　殻牌（シェル）石油会社の貯油庫、油槽、旧イギリス商社カス洋行（Cass Trading Company）の倉庫は、MRT淡水駅近くの鼻仔頭にあり、敷地面積は約三千坪。1894年11月に、お茶の葉を取引する「カス洋行」が土地を借りていたが、1897年にシェル倉庫がそれを購入し、その後、煉瓦造りの貯油庫を4つ建設したほか、淡水線に接続する鉄道も敷設し、大規模な商売を開始した。石油が濃厚な油の臭いを持つため、地元では「臭油タンク」と呼ばれた。1944年10月(第二次世界大戦)に米軍の空襲で油槽が火事となり、鎮火に3日間もかかった。2000年には古跡に指定され、土地の所有権はシェル会社から淡水文化基金会に贈与された。2001年に「淡水社区大学」がここで創設され、2011年に「淡水文化園区」として整備された。

淡水社区大学

　2002 年 8 月に開始。多くの大学で開設されていない、バラエティに富んだカリキュラムがあり、授業料も安いため生涯教育を推進するいい施設といえよう。校務規定にある設立主旨では「生涯学習の促進、社区の文化の向上、街作りへの参加、市民社会の発展」が明記され、教育改革の理念を着実に実践することを目指している。ここの特色は古跡の機能を教育と結合し、さらに地元の文化をそのなかに融合することで、地元に関する授業も開設されている。古跡に教室があるのが自慢となっている。

淡水文化園区

園区にはシェル倉庫の敷地跡、周辺の芝生や湿地が含まれている。新北市政府による修繕が完工してから、2011年に正式に一般開放された。敷地面積1.8ヘクタールの園内には、古い建築物が8棟と、石油を輸送するレールの跡がある。修繕された8棟はすべて赤煉瓦ででき、うちの6棟は倉庫で、あとはポンプと湯沸かし器の部屋だ。経営が何度も交替し戦火からも免れることができなかったシェル倉庫は、ようやく新たな姿で再現された。そこには教育機構（淡水社区大学）、舞台、屋外ステージ、文芸サロン、生態区、湿地などがある。

鄞山寺 / 客家会館

1822年に建立され、現在、二級の文化財に指定された鄞山寺(インサンシー)は中国南部の客家人(はっかじん)が信仰する定光古仏を主祀としている。寺全体の面影は、ほぼ清の道光帝(どうこうてい)時代初期のままで、屋根の稜線も泥人形の彫刻もきれいに残っており、現在、台湾で唯一完全に保存された清時代の「会館」（集会所のこと）となっている。「汀州（ちょうしゅう）会館」は相互救済を目的としており、同郷の人が台湾を訪れる時に宿泊できる施設でもあった。道光帝の時

代に汀州（ちょうしゅう）より台湾北部に移住してきた客家人が増えるにつれ上陸地の付近に村ができたが、漳州(しょうしゅう)や泉州(せんしゅう)の人からの攻撃を防ぐため、村は共同で資金を集めて土地を購入し、この会館を建設した。のちに唐山から台湾に渡ってきた移民もここに一時身を寄せていた。

会話

Q 歴史古跡と生態観光を結びつけるのはいいアイディアですね。

A ええ、そうですね。2007 年に「鼻仔頭史跡生態エリア」の設置案が採用され、5 つの歴史古跡が一括管理されるようになりました。つまり鄞山寺、湖南勇古の墓、淡水シェル倉庫、淡水水上空港、淡水気候探測所と、その周辺の自然環境が対象となっています。

Q 台湾人はエコとレジャー活動を重視していますか。

A ここ十数年はそうなりつつあります。特に新たに設立した環境保護署が大いに力を発揮し、文化部もそれに手助けをして、レジャーと生態の環境保護は人々が自発的に求めるようになっています。

Q 淡水という場所は世界と繋がっているような気がしますね。

A 歴史的に見れば、淡水は絶えずに国際化しています。今の台湾は民主的で開放的な社会になったけど、同時に速いスピードで多くの歴史も消えています。歴史の保存はやはり細心の注意をはらわないと。

Q 社区大学は年配の生徒が目立つのでしょうか。

A そうですね。早期に定年退職した公務員は、生活に不自由がなく体も元気なため、社会に出て活動に参加する希望も高まります。他方では平均寿命が長くなるにつれ年配者向けのニューズも求められ始めました。漢民族社会では「命ある限り学び続ける」という名言もあるんですよ。

Q 淡水は若者たちにとってのパラダイスだけではなく、将来的には年寄りに人気の居住地になるかもしれませんね。

A まあ、実を言うと騒音や交通問題があるんですけど、交通渋滞を改善しようとすれば環境が犠牲になるという問題も出てきます。

キーワード・単語

01. 貯油庫　ちょゆこ	儲油槽
02. 油槽　ゆそう	油槽
03. 敷地面積　しきちめんせき	占地面積
04. 取引する　とりひきする	從事買賣、做生意
05. 濃厚　のうこう	濃厚
06. 臭い　におい	惡臭
07. 鎮火　ちんか	滅火
08. エコ	環保
09. 発揮する　はっきする	發揮（機能、功效、能力等）
10. （年配者）向け　むけ	以～為對象
11. 不自由ない　ふじゆうない	生活經濟無礙
12. 犠牲になる　ぎせいになる	成為犧牲者
13. 免れる　まぬがれる	避免掉
14. ポンプ　幫浦	馬達
15. 湯沸かし器	熱水器
16. 一時　いちじ	暫時、短暫地
17. バライエティ	多樣化
18. 富む　とむ	富有（～特質）
19. 生涯教育　しょうがいきょういく	終生教育
20. 街作り　まちづくり	社區營造

滬尾砲台

滬尾砲台

　北淡水に位置した滬尾砲台は1886年に建設され、敷地は約8ヘクタール。台湾初代の巡撫に任命された劉銘伝が淡水港を防衛する目的で建設した。長年放置されていたものの、軍事要塞の中に立地していたため保存状態はかなり良い。入り口の門の上に今でも劉銘伝の自筆による「北門鎖鑰」（北台湾へのゲート）の文が見られる。スペイン人もここに砲台を建設したが、その後オランダ人が引き継いで使用し、撤退する際に焼却した。1808年、清朝時代に駐在軍の人数が増やされ、1813年に現在の砲台が設置された。清仏戦争以降、当時の台湾巡撫の劉銘伝が海上保安の強化を命じられた。日本時代になると軍が滬尾にある4台の砲台を撤去し、ここを砲兵の練習所として使っていた。戦後、国民政府は滬尾に国防安全の任務を与え、駐在兵隊を派遣した。1985年に二級古跡に指定、整備のあと、一般公開した。

油車口

　1884 年 8 月、フランス軍が北台湾を占拠する目的で軍艦を台湾に派遣したのがきっかけで、清仏戦争（別称：滬尾の役）となった。当時の巡撫（ジュンブ）、劉銘伝が淡水の軍事的重要性に気付き、仏軍が淡水河にそって直接台北城に入城するのを危惧したため、基隆の防衛を放棄し部隊を淡水に移転した。この時、沙崙、中崙、油車口に設置してあった砲台はすでに仏軍艦の大砲に打たれて破壊されてしまった。国防のため、劉銘伝が提督の孫開花に、淡水の防衛設備の修復や、石による港の埋め立て工事、水雷の設置、砲台の修繕などを命じた。10 月 8 日、孫の引率のもとで清の兵隊や郷土兵が力戦奮闘して敵の仏軍を撃退した。半年余り海岸を封鎖していた仏軍はこれでやっと撤退した。

清仏戦争／滬尾戦争

　1884 年 8 月、フランス軍が北台湾を占拠する目的で軍艦を台湾に派遣したのがきっかけで、清仏戦争滬尾の役となった。当時の巡撫、劉銘伝が淡水の軍事的重要性に気付き、仏軍が淡水河にそって直接台北城に入城するのを危惧したため、基隆の防衛を放棄し部隊を淡水に移転した。この時、沙崙、中崙、油車口に設置してあった砲台はすでに仏軍艦の大砲に打たれて破壊されてしまった。国防のため、劉銘伝が提督の孫開花に、淡水の防衛設備の修復や、石による港の埋め立て工事、水雷の設置、砲台の修繕などを命じた。10 月 8 日、孫の引率のもとで清の兵隊や郷土兵が力戦奮闘して敵の仏軍を撃退した。半年余り海岸を封鎖していた仏軍はこれでやっと撤退した。

北門鎖鑰

　北台湾の鎖とカギという意味で、要するに北台湾における重要な軍事施設のこと。

　1885 年、清仏戦争後、清の朝廷に北台湾の防衛を強化する動きがあった。劉銘伝は技師ヘルク（Max E. Hecht, 1853-1892）を工事現場の監督として招聘する一方、英国から大砲を 31 台購入し、1889 年に砲台が設置完了した。が、戦争に使用されたことなく、いまだに基地がきれいに保存されている。東南の入り口にある碑文「北門鎖鑰」は劉銘伝による自筆。ここにある砲台は劉が台湾本島で設置した、唯一残存しているもののため、特殊的な意味と価値があるのだ。砲台の建設工事に携わったドイツ籍技師ヘルクも清の朝廷に勲章と賞金を授与された。ヘルクは 39 歳に台湾で他界し、淡水の外国人墓地で眠っている。

会話

Q ここは高台にあって見渡しがよく、防衛に適した場所ですね。

A こちらはいわゆる淡水「五虎崗」（5つの崗）のうちの第一崗で、「烏秋崗」とよく呼ばれています。向かい側に台湾初のゴルフ場があります。1919年に日本人によって開設されました。またここはもともと清の時代、軍の訓練所でした。

Q 湖南人と淡水との関係が深かったみたいですね。

A 清の時代に、正規の防衛軍として中国大陸から派遣されてきた人たちの中に湖南省出身者が多くいました。1884年に起きた清仏戦争の主将・孫開華（そんかいか）も湖南生まれです。竿蓁林（カンシリン）坟場（ウェンチャン）には「湖南勇古墓」という墓地があります。

Q 台湾では結婚アルバム撮影が大いに流行って中国大陸にまで出店しているみたいですね。

A 商機のあるビジネスです。台北市内に「結婚撮影スタジオの通り」があって、中国にある関連会社はほとんど台湾人が出店したものです。

Q 結婚アルバムの撮影は、必ず風景のきれいな場所を選ぶのでしょうか。

A 屋外で撮影する結婚写真もあります。せっかくなので家の近所にある風景のきれいな場所で撮るのですが、予算に余裕があったら新婚旅行がてら海外で撮影することもできます。それを仕事とするカメラマンが選んだロケ地は、しばしば観光名所を紹介するいい手引きとなりますよ。

Q 結婚アルバムを制作したら、離婚する確率が低くなるのでしょうか。

A これまで台湾では離婚率が低かったのですが、近頃高くなっています。若夫婦がけんかになったとき、アルバムをめくれば別れる気持ちがなくなるかもしれません。

キーワード・単語

01.	ヘクタール	公頃
02.	巡撫　じゅんぶ	巡撫（清朝官吏）
03.	放置　　ほうち	放置、閒置
04.	砲台　ほうだい	炮台
05.	清仏戦争　しんふつせんそう	中法戦争
06.	撤退する　てったい	撤走
07.	海上保安　かいじょうほあん	海上國防安全
08.	整備　せいび	整頓
09.	見渡し　みわたし	視野、風景
10.	（予算に）余裕がある	預算足夠
	（よさんに）よゆうがある	
11.	結婚アルバム　けっこんあるばむ	結婚照
12.	気付く　きづく	察覺到
13.	携わる　たずさわる	參與
14.	他界する　たかいする	過世
15.	古屋敷　ふるやしき	古宅
16.	一円　いちえん	周遭、附近
17.	旧暦　きゅうれき	農暦
18.	スペアリブ	排骨
19.	重陽の節　ちょうようのせつ	重陽節
20.	式典　しきてん	典禮、祭典

Tamsui
10

漁人碼頭

漁人ふ頭

　漁人ふ頭は淡水河の河口の東にあり、前身は1987年に建設された淡水第二漁港である。沙崙海水浴場に近隣するここは、新たに開発された観光スポットだ。2001年3月に正式開放し、夕焼けの景色と新鮮な魚介の水揚げで有名。リゾート施設もあり、同時に漁港としての機能も果たしている。浮動式のふ頭には約150隻の漁船とヨットが停泊でき、河岸にある見渡し舞台は最大三千人収容可能。白い港を横切るベイブリッジが通行を開始したのが2003年2月14日のため、「ラバーブリッジ」という別称がある。全長164.9メートルのベイブリッジの上からは夕日を眺めることもできる。ここには、水路経由でも道路経由でも行くことができ、5つ星のホテルもある。

ラバーズブリッジ

　漁人ふ頭にある、港をまたぐ歩行者専用の景観の橋。全長 164.9 メートルで幅は 5 メートル、一番高い部分は 12 メートル。橋の柱が斜めで、ヨットのラインのような外観をなしている。遠くから見れば全体は白く見えるが、よく見ればピンクと紫がかった柔らかい感じの色だ。造形がエレガントでロマンチックな気分を感じさせ、見晴らしも良く、淡水観光の定番スポットになっている。うわさでは、手を繋いで相手のことを思いながら渡ったカップルの恋はきれいなものとなるが、渡る途中で振り向いてしまったり、手を離したりすると、その恋には試練が訪れる、ということです。

ラバーズタワー

　建造費用 3 億元に近かった昇降回転式展望台「恋人タワー」は 2011 年 5 月に正式使用開始。高さ 100 メートル、定員 80 名。この台湾初の高さ百メートルの展望タワーは、4 年間かけて製造されたが、タワーの本体に、安全のため、スイスのハード設備が採用されている。一部、床までガラス張りとなる座席もあるこの展望台は、上昇して頂点になったら、360°を回転し、淡水全地域を一望できる。

レジャー・漁港

　漁人ふ頭は漁港口としての機能を保有しているとはいえ、浮動式ふ頭にいつもさまざまなヨットが停泊しているため、「ヨット停泊地」に少しずつ変貌してきた。ヨットの所有者は大都会の台北在住の、海上活動を熱愛する富豪が多く、普段ここに泊めているヨットに乗って出港するのは時間のあるときだけだ。またここはブルーロードの重要な拠点でもあり、各地からの観覧船が泊まっている。蒼い空と海に漁船とヨット、特に夕方になると空がまっ赤に染まる風景は、北台湾においても珍しい海辺の景色である。

淡江大橋

　淡江大橋は淡水河をまたぐ橋であり、鉄道と道路の両方が通行する台湾初の二階建ての大橋。建設案が提出されたのは 1980 年代末頃。計画では全長 12 キロで主な部分の 900 メートルと両端の連絡道路は 2 階建てとなり、全面積は 44 メートルで高さは 20 メートル。下は道路で時速 100 キロ走行が可能となり、上の部分は都市電車専用の部分で、道路の幅は 8 メートル建設予定されている。建設予算は 153 億元で 2016 年に工事を開始し、2020 年に開通の予定。完工後、関渡大橋の交通状況を改善できるほか、淡海新興開発の活性化期待できる。

会話

Q 高台から淡水を眺めたら、とても風情があって町全体がのどかで落ち着いた感じがあります。

A 近年、空から見た台湾の景色を題材にした『看見台湾』（2013 リリース、邦題：『天空からの招待状』2014 一般公開）というドキュメンタリー映画が制作されました。また、400 年前にここを通ったポルトガル船員がそのあまりにも美しい景色をみて「Ilha Formosa!」（麗しの島）と賞嘆しました。

Q このドキュメンタリー作品は多くの台湾人に過度の開発の問題を意識させたようですね。

A そうですね。開発はやはり節度が必要です。「淡江大橋」も二十数年のあいだ重ねに重ねた討論の結果、ようやく建設案が採用されたのです。

Q 淡水河の両岸を連結する橋の建設は最優先させるべきもので、完工したら淡水はもっと繁栄しますね。

A 計画通りに人口数が伸びていくのを望みますね。

Q 夏はとても暑いけど、寒い冬は観光のオフシーズンでしょう。

A 夏と秋はとても賑わって音楽会、芸術の市などもあり、海外のリゾート地のようです。毎日日が暮れていくとき、空にかかる霞が見られるのが人気の理由です。春と冬は雨期で寒いから、観光客は減りますが、もちろん、地元の旅行会社は観光客を呼び寄せる方法を用意しています。

Q 海鮮類はとても新鮮だそうですね。

A そうですね。漁港だから、さすがに新鮮な魚介類の水揚げが多いです。試すかどうかはあなた次第です。

キーワード・単語

01. ふ頭　ふとう	碼頭
02. 水揚げ　みずあげ	魚貨
03. リゾート施設	休閒度假設施
04. ベイブリッジ	跨海大橋
05. ヨット	帆船
06. 水路　すいろ	水路
07. 横切る　よこぎる	橫越
08. 停泊　ていはく	停泊
09. ドキュメンタリー	紀錄片
10. ポルトガル	葡萄牙
11. 賞嘆する　しょうたんする	讚嘆
12. （人口数が）伸びる　のびる	（人口）上昇、成長
13. オフシーズン	淡季
14. またぐ	跨越、橫越
15. エレガント	優美
16. 定番　ていばん	必看
17. 振り向く　ふりむく	回首
18. 手をつなぐ	牽手
19. 試練　しれん	波折
20. 昇降　しょうこう	升降

Tamsui
11

紅樹林

　　MRT に乗って紅樹林駅に着くとすぐに、緑のマングローブ（中国語：紅樹林）が目に入るだろう。1986 年に「淡水マングローブ生態保護区」として公園化が計画された。総面積は 76 ヘクタールあり、淡水河の上流から堆積した砂で形成されたこの沼沢は面積が台湾一広いだけではなく、世界で最も緯度が高いマングローブ原生林でもある。強い生命力を持ち、海水で生育するこの植物は枝に赤みがかかっていることで紅樹林と命名された。マングローブ林のような湿地生態は利用価値がとても高い。例えば河岸や海辺の環境保護、魚苗や野生動物に生息地、繁殖地としての資源を提供、海岸の景観、レジャーとしての機能など。マングローブは「水中の森」や「渡り鳥の楽園」とも言われている。

白サギ

　台湾では一番普遍的な留鳥。水沢や湖の付近に生息し、魚、蛙や昆虫を主食としている。群集する習性があり、淡水のマングローブ林はその一番大きな棲息地で、合計数百羽が生息している。夕方になると何羽か群れになって巣に戻る。胴体は純白で、聖なる意味があると言われている。白サギは幸のある場所で生息するという謂れもある。それは水田のある場所なら、農作物を守るため白サギが虫を捕りに来るからだ。

メヒルギ

　竹囲から淡水のあいだにわたるマングローブはすべてメヒルギからなる森だ。苗が、木からつり下げた筆のような形であることからそう命名された。長さは 10 〜 15 センチ。果実が枝に付いている状態で根が伸び始めるため、本株から栄養分を吸収できる。新芽がついた果実が抜け落ちたら、そのまま泥に突き刺さり成長を始める。たとえうまく突き刺さらなくても、海流に乗って分散する種子となる。このような胎生種子の生育に最も有利なのは、塩性で酸素が薄い泥質の水中に塩素が濃厚に含まれる環境だ。

生態歩道（自然歩道）

　「淡水マングローブ生態歩道」（自然歩道）の入り口は MRT 紅樹林駅のすぐそばにある。曲がりくねって延びるウッドデッキの歩道は長さ約１キロで、散策の途中、観音山や淡水河の景色を眺めたり湿地生態を楽しんだりできる。歩道に立てば、触れるぐらいの距離でマングローブを見られる。足下を横切るシオマネキや獲物をじっと見る白サギもいる。きれいな風景や楽しい潮間帯生物のほか、野鳥好きにはたまらない野鳥もたくさん生息している。つまりこの自然歩道は湿地の生態フィールド教育や野鳥観察するのによいスポットでもある。毎年９月から翌年の５月までは渡り鳥観察シーズンである。

会話

Q 白サギは台湾で人気がありますか？淡水行きの道路沿いを飛んでいる絵がありますけど。

A ええ、あります。白サギを唄う台湾語の童謡もあります。ある貧乏な子供が白鷺になりたいと思っていたら、運よく金を拾ったという内容です。

Q 淡水の紅樹林を通過する渡り鳥はどのぐらいあるのでしょうか。

A 野鳥協会の統計によれば十数種類だそうです。紅樹林の場所が市内に近く、人間が多くて餌を採りにくいから、数は多くないはずです。小型の渡り鳥がよく見かけられ、関渡平野に鳥を観察する小屋が何軒かあって、近距離からバードウォッチングができますよ。

Q 関渡平野は湿地でしょうか。現在、環境は保護されていますか。

A あるでしょう。行政はそこを「低レベル開発区」としています。湿地を保存する意識が高まるなかで、それを積極的に活用する動きが現れてきました。例えば保育区や生態教育園区、親子のためのリゾートとして利用しています。

Q 関渡平野はかつて大規模な沼沢で、嘰哩岸も河川港だったそうですが。

A かつて台北盆地に沼沢区が多かったのです。現在、地面は海面とあまり高さが変わらなくなり、水害が増えてきています。台北のMRTも以前浸水したことがあって数週間通行止めとなったことがあります。

Q 台北は「水郷の町」でしょうか。

A 治水工事は、台湾においてずっと重要な施政課題ですよ。現在のわれわれは親水活動が大好きです。

キーワード・単語

01. マングローヴ　　　　　　　　　　　紅樹林
02. 堆積する　たいせきする　　　　　　堆積
03. 沼沢　しょうたく　　　　　　　　　沼澤
04. 生育　せいいく　　　　　　　　　　（植物）生長
05. 赤みがかかる　あかみがかかる　　　帯紅色
06. 魚苗　ぎょびょう　　　　　　　　　魚苗
07. 繁殖地　はんしょくち　　　　　　　繁殖地
08. 渡り鳥　わたりどり　　　　　　　　候鳥
09. 白サギ　しらさぎ　　　　　　　　　白鷺鷥
10. バードウォッチング　　　　　　　　賞鳥
11. 水害　すいがい　　　　　　　　　　水災
12. 浸水　しんすい　　　　　　　　　　淹水
13. 治水　ちすい　　　　　　　　　　　治水
14. 留鳥　りゅうちょう　　　　　　　　在當地棲息的鳥（非侯鳥）
15. 水沢　すいたく　　　　　　　　　　有水的溼地
16. 胴体　どうたい　　　　　　　　　　身體
17. 塩性　えんせい　　　　　　　　　　高鹽度
18. 泥質　どろしつ　　　　　　　　　　泥性土質
19. 曲がりくねる　まがりくねる　　　　彎曲
20. 生態フィールド教育
　　せいたいふぃーるどきょういく　　生態實地教學

淡水小吃

Tamsui 12

淡水小吃

　　淡水は歴史のある漁港であり、またかつて台湾における重要な通商港だったため、物資が豊富に集まるなかでも海産物はこの街の一大特長で、歴史や交通、この地の発展とともに豊かな食文化を生み出した。長い歴史のある淡水旧市街にもいろいろな食文化が誕生している。あまたあるB級グルメ、いわば小吃（シャウツウ）のなかで最も有名なのが、魚団子（魚丸）、鉄たまご（鉄蛋）、「アゲ」（阿給（アゲ））だ。これら有名な小吃には現地の食材が多く使われ、一般庶民の日常生活の食文化を反映するだけではなく、多元文化もそのなかに融合されている。そのなかで「アゲ」と「鉄たまご」は淡水老街では一番特別な風味を持った小吃なのである。

魚団子（魚丸）

　淡水がまだ漁港だった時、水揚げ量が市場の需要を大幅に超えているため、市場で売り出されるもののほか、魚のジャーキー、すり身の揚げスナック、魚団子などといった加工品が開発された。魚団子は、中大型の魚類（サメやシイラ）のすり身に片栗粉と水で混ぜて団子の皮を作り、中に炒めた豚肉をつめた料理で、その煮汁はとてもだしがきいている。世界各地に「魚団子」の料理はあるが、魚の種類や作り方、調味料の違いで味も変わってくる。

鉄たまご（鉄蛋）

　昔、渡り舟乗船所の入り口辺りに一軒の出店があり、阿哖婆というお上さんは売れ残りの煮たまごをまた鍋に戻して煮るのだが、それを繰り返しているうちにたまごが小さくて黒い鉄のような形となった。好奇心で試しに買って食べた客から、芳ばしくて歯ごたえがあるという評判を得て一気に人気が広がり、淡水における特色あるスナックとなった。毎日数時間かけて、しょうゆと香辛料が入った煮汁でたまごを煮込んだり、天日干したりして作る。製造過程に手間ひまがかかる食べ物である。

伝統菓子

　淡水には老舗のお菓子屋が多い。伝統菓子は従来のやり方で製造され、種類も味も豊富で、どれも懐古的な味や、郷土の味を感じさせるものだ。1984 年、新勝発という店が日本の菓子博覧会のコンクールで金賞を受賞したことがある。台湾では結婚するとき、新婦の側が「禮餅」（引出物）を親族友人に配る風習があるが、その際「失礼」にならないように、味や舌触り歯触りが一流の、淡水の「喜餅」がよく選ばれている。

魚団子博物館

淡水漁港から採った大量の魚を使った小吃は 1963 年に登峰会社より開発された。「淡水魚酥」というのは魚のすり身を使った揚げ物だ。最初は一品料理として提供するのが目的だったが、今は小吃やお土産となっている。2004 年には淡水老街で魚団子博物館（「魚丸博物館」）が設立され、これは台湾で初めての魚団子をテーマとする資料館である。「観光工場」もあり、そこで手作り体験も可能。資料館の敷地は約 70 坪あまりで 3 階建てだ。一階は商品販売エリアで、二階は展示室だが、二階に魚を捕る古い道具や歴史を説明する写真付きのパネルが展示されている。1884 年の清仏戦争中にフランス軍の海軍陸上部隊が実際に使用した銃も展示してある。

アゲ (阿給)

「阿給」は日本語の「油揚げ」の発音からきた名前。四角い油揚げの中身を出してから春雨を詰め込み、最後に開き口を魚のねりもので閉じて蒸して作る。食べるときには、甘辛いソースと、魚丸スープか豚骨スープをかける。淡水のなかで最も特色ある地方小吃だ。1965 年に楊鄭錦文という女性が発明した料理で、売り残した食材を無駄にせずに利用するのが最初の目的だった。元祖の店は真理街にあって、学生相手に朝と昼ご飯を提供している。

会話

Q 台湾に来た多くの観光客の目当てはやはり食べ物でしょうか。

A 台湾の食べ物は世界的に有名で、それに匹敵するのは地中海料理や日本料理ぐらいでしょう。また台湾では、香港や大陸で出会うのが難しい、さまざまな中国各地の料理が食べられます。

Q 美食料理と小吃とどう違いますか。

A 美食とは宴会料理のことで、通常ごちそうが 10 〜 12 品出てくるんです。小吃は単品の食べ物で伝統市場でも食べられます。特に夜市は、各種の小吃を提供するのをセールスポイントにしています。

Q 台湾人政治家は、海外から貴賓を招待するときや国が宴会を主催するときも台湾小吃を薦めていると聞いていますけど。

A そうですね。小吃にはほかの地域や国では食べられないものが多いから、これこそ本物の「台湾の味」です。

Q 台湾小吃の種類はどれぐらいあって、どこで食べられるんでしょうか。

A それについて統計は難しいでしょう。同じ物でも地方差があって味付けも違っていますから。食べるなら夜市にいかなければなりません。レストランも台湾小吃のメニューを出し始めていますが、すべての物を出せるとは限りません。

Q 台湾に観光で行ったら、夜市で小吃を食べなくちゃもったいないですね。

A そうはいえ、衛生やサービス、質はばらばらですよ。それだけは言っておきますね。

キーワード・単語

01. 〜品　〜しな　　　　　　　　　　〜道料理
02. ごちそう　　　　　　　　　　　　料理
03. 味付け　あじづけ　　　　　　　　調味
04. 夜市　よいち　　　　　　　　　　夜市
05. 揚げ物　あげもの　　　　　　　　炸的東西
06. 手作り　てづくり　　　　　　　　親手做
07. パネル　　　　　　　　　　　　　展示牌
08.（魚の）ねりもの　　　　　　　　（魚）漿
09. 水揚げ　みずあげ　　　　　　　　魚獲
10.（魚）ジャッキー　　　　　　　　（魚）乾
11. だしが効く　だしがきく　　　　　湯頭味濃
12. 売れ残り　うれのこり　　　　　　賣剩的
13. 歯ごたえがある　はごたえがある　有咬勁
14. 煮汁　にじる　　　　　　　　　　滷汁
15. 煮込む　にこむ　　　　　　　　　滷（料理方法）
16. 天日干し　てんぴぼし　　　　　　日曬
17. 手間がかかる　てまがかかる　　　費工夫、手續繁雜
18. スナック　　　　　　　　　　　　小點心
19. 老舗　しにせ　　　　　　　　　　老店
20. 懐古的　かいこてき　　　　　　　懷舊的

193

Tamsui
13

淡水藝文

淡水における文化活動

　淡水は、昔から中国からの漢民族移住者にとっては台湾への入り口であり、列強がねらう場所であった。台湾は半世紀ぐらい日本の支配下におかれていたが、その前から淡水はすでに中国と台湾とのあいだ、または国際的な通商港のため、歴史古跡、文化が豊かだった。道路も水路も発達しているこの町に多くの文化活動が誕生した。古代から継承されてきたものとしては、神様を迎えるお祭り、楽団や劇団があり、また近年企画されたものなら、町歩きアートフェスティバル、アジア芸術村、クラウド・ゲート舞踏団（雲門舞集）の淡水園区などがある。淡水の文化活動が持つ資産といえば、町全体にある深い人文教養と歴史観、国際観や、美しい風景と旺盛な経済活動、そして便利な交通などが挙げられよう。

一滴水記念館

　滬尾砲台の左側に位置している。台湾に移築されてきたこの建物は、もともと日本の福井県の古民家で百年の歴史を持っている。作家水上勉の父親が自ら建てた屋敷だが、水上勉の「一滴の水も粗末にするな」ということばにちなんで名付けられた。1995年に起きた阪神大震災のときに倒壊しなかったこの古民家の持ち主は、地元出身の人々にふるさとを偲ばせるよう、家屋を寄付した。1999年に台湾で921大地震が起きた。そのとき、救難活動にやってきた阪神大震災の被害者たちは、この古民家を台湾に贈与することにした。一年間かけて、日本人と台湾人のボランティアの協力のもとで、2009年8月16日に移築工事が完了し、2011年3月29日に「一滴水記念館」として開館した。

淡水祭り

　お祭りは神様にお宮が感謝の意を表す時に行われる儀式で、そのとき神様をお迎えする式やごちそうを食べる宴会が行われる。先祖が航海して台湾に開拓にきたとき、風土病や疫病にかかったり、天災や戦争に見舞われたりしていたので、移住の無事を祈るためにふるさとの守護神も連れてきたのだ。今日では、お祭りはすでに宗派の枠を超えて、台湾人の生活文化に不可欠の存在となっている。「淡水祭り」は淡水の祖師廟の催しで、毎年旧暦の5月6日（西暦の6月半ば）に開催される。その日になると、一日じゅう交通が制限されるほどの賑わいを見せる。

淡水のアートフェステバル

　2008年より毎年の10月に淡水市内で淡水国際エコ・アートフェスティバルが開催されている。2013年にテーマを「世界の万華鏡」とした催しは、淡水の多元文化と異国情緒を充分に表現したものとなった。この年の参加団体は50で、総参加人数は1500名を超え、皆は自らの創意と熱心さをもって淡水街道を練り歩いた。フェスティバルは数人のアーティストとコミュニティの住民が力を合わせて企画したもので、演出の内容は、淡水の歴史、伝説、人文風土や現代生活などから素材をとっている。「アート町歩き」や「エコ演劇」の演出を通して、400年の歴史を持つ淡水を表現するユニークな活動だ。近年、海外の芸術団体も招待し、このイベントの魅力はますます高まりつつある。

会話

Q 「一滴水記念館」をめぐる話はとても感動的です。台湾と日本の関係は特別で密接ですね。

A 日本と台湾のあいだの交流はもともと相当頻繁で、観光や貿易関係の行き来も盛んだった。そのような交流が相互理解を深めていくのでしょう。

Q クラウド・ゲート（雲門舞集）は世界的に有名な台湾の舞踊団ですね。「淡水園区」の建設は、地元の文化活動の活性化につながり、それによって町の知名度も高くなるのでしょうね

A 舞踊団自らの意志で淡水が建設地として選ばれました。完工後は一般開放されるため、見学ができますよ。

Q 西洋やほかの民俗ではよく牛や山羊を供え物にしているが、なぜ台湾は豚ですか。

A 昔の台湾では、ほとんどの家庭が豚を飼育していました。「家」という文字がすべてを説明してくれるように、豚の飼育ができたら結婚ができる、ということです。いっぽう牛や山羊を飼育する人は少なく、農作業に使われる牛はとても大事にされていました。そのため、お祭りの供え物には大きな豚が使用されるのです。

Q 祀り用の豚を飼育し大きさを比べ合う専門業者があるそうですが。

A 豚の大きさで神様に敬意を表すのです。これまで一番大きかった豚は1010キロに達します。それを育てるには何年間も細心の注意をはらわなければいけないのです。豚の肉は、宴会の時に出したり親類友人に配ったりするのです。

キーワード・単語

01. ねらう　ねらう　　　　　　　　　　窺視
02. アートフェスティバル　　　　　　　藝術節
03. 挙げる　あげる　　　　　　　　　　舉出（例子）
04. 行き来　ゆきき　　　　　　　　　　往來
05. 風土病　ふうどびょう　　　　　　　風土病
06. 〜に見舞う　〜にみまう　　　　　　遭到〜（多用於負面事情）
07. （〜に）かかる　　　　　　　　　　患病
08. 枠を超える　わくをこえる　　　　　超越框架
09. 不可欠　ふかけつ　　　　　　　　　不可或缺
10. 催し　もよおし　　　　　　　　　　活動
　　110 賑わい　にぎわい　　　　　　　熱鬧
11. 供え物　そなえもの　　　　　　　　拜拜祭品
12. 万華鏡　まんげきょう　　　　　　　萬花筒
13. 練り歩く　ねりあるく　　　　　　　踩街
14. フェスティバル　　　　　　　　　　嘉年華
15. コミュニティ　　　　　　　　　　　社區
16. 屋敷　やしき　　　　　　　　　　　房屋
17. （〜に）因む　（〜に）ちなむ　　　取自于〜
18. 一滴の水も粗末にするな　　　　　　「一滴水脈有無限可能」
　　いってきのみずもそまつにするな
19. ボランティア　　　　　　　　　　　志工、義工

淡江大學

Tamsui
14

淡江大学

　宗教や企業がバックグランドにない、開放的な雰囲気で有名な大学であり「壁のない学校」でもある。設立時、一部の土地は地元の住民により提供されたものである。1950 年に張鳴氏（号：驚声）と張建邦氏によって創設されたが、最初は英語専門学校で、1958 年に文理学院に改正、1980 年に正式に淡江大学となった。現在、淡水、台北、蘭陽にサイバー上のものをあわせると全部で 4 つのキャンパスを持つ総合大学で、8 つの学院がある。学生の総数は二万七千人、専任兼任を含め教職員は二千百人、卒業生は二四万人余り。台湾では最も規模が大きく設備が整った高等教育機関の一つだ。雑誌『Cheers』が発表した「2015 年で優秀な大学の案内」で、大手企業二千軒を対象に調査したところ、企業がもっとも好む大学生のランキングにおいて、淡江大学は 18 年連続の私立大 No.1 となった。

宮灯教室

　淡江大学の風景と建物の美しさは国内外に知れ渡っている。昔は、テレビドラマや映画の人気ロケ地で、そのなかで特に人気なのは1954年に建てられた「宮灯教室」だ。坂道沿いに二列となって向かい合う建物は、唐の時代の伝統建築物をイメージしてデザインされ、その真ん中に宮灯（宮灯：宮廷式の灯り）が一列に並ぶ。宮灯のうちの9本は古代の華表（かよう）（石柱）に見立てたもので、蟠龍（ばんりゅう）（とぐろを巻いた龍のこと）が全部で18匹あり、それぞれの柱に灯りが二つずつつりさげられている。灯りが点灯されるのは、ちょうど夕日が赤く輝いているときだ。このデザインは淡江大学建築学科の初代主任によるもので、1955年に完成してからすでに半世紀が経っている。

海事博物館

　海事博物館は広さ2134平方メートルの船の形をした建築物。以前は「商船学館」で、航海や原動機などに関する専門技術者を育てるゆりかごだった。エバーグリーングループの総裁・張栄発氏の寄付金で建設され、教学設備も贈呈された。その後、国家の教育政策の変更によって、航海や原動機を勉強する学生の募集が中止となり、1989年に最後の学生が卒業したあと、全国初の「海事博物館」として計画、建設され、古今中外の艦船の模型を展示している。当時の総取締役林添福も、個人的にコレクションした世界的に有名な艦船の模型を50隻寄贈した。1990年6月から無料で見学できるようになった。

書巻広場 （別称：エッグロール広場）

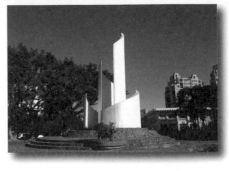

　淡水キャンパスの中央に位置するこの広場に、本来、中庭のある2階建ての綜合教室棟があった。1986年に建物が撤去され緑の広場と変わった。中央にOBの建築士・林貴栄がデザインした造形物があり、「竹巻き」をなぞって4枚からなるものが巻かれているこの造形は、古代の書巻を象徴して「書巻広場」と命名された。また、形が似ていることから別名「エッグロール」。上から眺めるとモーターのなかの巻軸のようなもので、その造形に生々流転の意味が込められている。白いアーチ型の造形は晴天の日や黄昏、夜など時間帯によって異なる風貌を見せてくれる。ここは、サークルや大イベントの開催地としてもよく利用され、淡江人たちにとって撮影のスポットであり思い出の場所でもある。

淡江大学の校歌

作詞 / 鄒魯　作曲 / 呂泉生

広々とした淡江は、新旧思想を万里も運んでいる

学問を究め、世のために　篤行を実践し

学問は傲慢が禁物で　謙遜で根性よく 専門技術を大いに生かす

かの時代・国家のための英才よ

慎もう　光陰を大事にするのだ

会話

Q 淡江大学の卒業生が連続して 17 年間も業界に認められ、ランキングで私立大第一位、全国では第 8 位となりました。淡江大学の卒業生たちは、ほんとうにすばらしいです。

A 老舗の総合大学でブランド化されたことが一つの理由です。開放的な学風で、学校の経営方針も斬新で柔軟性があります。早い段階ですでに、国際化、情報化、未来化という三つの方針を出しています。

Q 24 万人の卒業生もいて、大きな人的資源となっているでしょう。

A 換算してみれば、百人の台湾人のうち一人が淡江大学卒となるんですね。その家族も含めてすべて淡江大学の宣伝者になります。三代にわたって淡江大学卒というおうちもありますよ。

Q 創立 60 年間あまりになり、今では淡水といえば淡江大学がすぐに連想されるのでしょうね。

A そうですね。淡江大学は淡水という町の一部です。淡水は基本的に大学の町。淡江大学のほかに、真理大学、セントジョン技術大学、台北海洋技術学院と関渡のキリスト学院など、全部で 5 校です。

Q 卒業生たちが一番懐かしく思う場所はどこでしょうか。

A 四季に合わせて変化するキャンパスの景色で、なかでも特に伝統的な風情のある宮灯教室でしょう。毎年3月、卒業生が大学を訪れる日になると、多くの人たちは宮灯教室へいって昔を懐かしむのです。

Q 淡江大学は民歌の発祥地ですが、キャンパス内で音楽は盛んでしょうか。

音楽学科はありませんが、いい音楽ホールが一軒あります。音楽活動はずっと活発で、これまでに有名な歌手が多く育ちました。また文学界や映画・テレビ界で活躍するOBもたくさんいます。

キーワード・単語

01. バックグランド　　　　　　　　背景
02. 開放的　かいほうてき　　　　　開放的
03. 改正　　かいせい　　　　　　　修訂
04. サーバー　　　　　　　　　　　伺服器
05. ～を含む　～をふくむ　　　　　包含
06. 整う　ととのう　　　　　　　　完整
07. 大手　おおて　　　　　　　　　大型、大規模（企業）
08. ランキング　　　　　　　　　　排行榜
09. 柔軟性　じゅうなんせい　　　　靈活
10. ～わたり　　　　　　　　　　　跨越
11. 懐かしむ　なつかしむ　　　　　懐念
12. 発祥地　はっしょうち　　　　　發祥地
13. 盛ん　さかん　　　　　　　　　盛行
14. ＯＢ　おーびー　　　　　　　　畢業生
15. ～をなぞる　　　　　　　　　　仿照
16. 書巻　しょかん　　　　　　　　書巻
17. モーター　　　　　　　　　　　馬達
18. 巻軸　まきじく　　　　　　　　轉軸
19. 生々流転　せいせいるてん　　　生生不息
20. サークル　　　　　　　　　　　社團

河岸自行車道

Tamsui
15

河岸サイクリングロード

　淡水から紅樹林行きのサイクリングコースは、河沿いに建てられた全長2.5キロの道。一般道路を走れば漁人碼頭に出られるが、関渡大橋を渡って八里左岸風景区のサイクリングコースを走行すれば、十三行博物館に出る。自転車専用道路は歩行者と自転車しか入れないため、安全でのんびりとしたサイクリングとなるだろう。サイクリングコースの片方は無限に広がる海岸風景と鬱蒼としたマングローブで、反対側はＭＲＴのレールだ。途中に風景を観賞できるデッキが設置されている。ここから空を飛ぶ白サギや横に歩くシオマネキ、ムツゴロウなどが見られる。ここでは沿岸の景色のほか、河向こうの観音山や、群をなして飛ぶ野鳥、夕日なども見て楽しめる。

休日のサイクリング

　台北市政府は 2002 年より、淡水河、基隆河、景美渓と新店渓を含めた市内すべての河岸にサイクリングコースを建設する企画を始めた。南は景美、東は内湖より始まり、河岸にそって下流の関渡湿地まで延ばすコースが、全長 111 キロの河岸サイクリング道路網をなしている。沿線の景色の特色によって、さらにテーマ別で「関渡、金色河岸、八里左岸サイクリング」といったレジャー用のサイクリングロードを建設した。自然や人文、古跡など沿線にある美しい景観が休日の観光スポットとして人々に提供される。完工以来好評で、休日のサイクリングは台湾の国民運動になっていくのだろう。

河岸を走ろう

　台湾は従来、自転車王国を自称してきる。国内の自転車メーカー、ジャイアント、メリダなどの生産量はすでに世界のトップ 10 に入っている。台湾では毎年 440 万台の自転車が製造されている。また、数多くの世界的ブランドが台湾の工場に製造を委託している。現在、自転車で運動をする人数は 270 万人で、通勤者は 70 万人ぐらいだ。自転車による台湾一周が最近流行っている。現在、サイクリングロードは全部で 40 本あり、総距離は 1180 キロであるが、そのほとんどは河沿いにある。淡水から新店の河岸サイクリングロードは 60 キロあるが、休日には利用者がとても多い。運動しながら河川に親しむことができると同時に、生態と結びつくレジャーという目的も果たされている。

ユー・バイク（U-bike）

　台北市政府が自転車メーカーであるジャイアントに委託したレンタサイクル事業である。システムは全自動で、2009 年 3 月からのテスト運営を経て 2012 年 11 月より正式運営を始めた。ユーバイクは現在、すでに 13 万枚の会員カードを発行し、貸し出しの回数も百万を超えている。2014 年 2 月まで、ユーバイクの拠点は台北市内では 158 カ所。運営を開始した当初は赤字だったが、最初の 30 分を無料化し拠点を増やした結果、ブームに火がつき、いまや台北市の特徴的な風景となっている。淡水のサイクリングコースでもユー・バイクを見かけられる。

会話

Q 自転車で台湾一周したそうだけど、何日間かかったんですか。

A 全部で 900 キロあまり、9 日間かかりましたが、プロでしたら 5 日から 7 日間かかりますね。3 日間で一周するチャレンジャーもいますよ。

Q 台湾人の若者は特に自転車で台湾を一周するのが好きなようだけど、どうして？

A そうですね。自分の土地を知るいい機会になるからでしょう。ネットでも台湾の三大運動として、自転車で台湾一周、玉山の山登り、湖の日月潭を泳いで渡ることが取り上げられています。

Q 社員に運動するように呼びかけたり、社員旅行で自転車ツアーを開催したりする企業や機関が多いと聞いていますが。

A 一番有名なのは自転車メーカー、ジャイアントの社長・劉金標さんです。70 才あまりになっても、幹部を引率して何度も台湾一周しているのですよ。

Q 台北市の「ユー・バイク」（You Bike）はとても有名で、国際旅行雑誌の『グローバル・トラベラー』（*Global Traveler*）のコラムでも紹介されたことがあるんですね。

A 初めて公共レンタルサイクルのシステム（ヴェリブ）を作ったのは2007年のパリですが、それ以来自転車ブームが起こり、ほかの主要都市も導入しはじめました。台北市の「ユー・バイク」は、貸し出しシステムはパリを参考にし、その利用カードをMRTプリペイドカードに替えたものです。

Q 外国人観光客も利用できますか。

A もちろん。MRTカードがあれば、あと通常通りのやり方で貸し出しできますよ。

キーワード・単語

01. サイクリングロード　　　　　　　　　　自行車道
02. 依托　いたく　　　　　　　　　　　　委任
03. 鬱蒼とする　　うっそうとする　　　　樹木茂密
04. 反対側　はんたいがわ　　　　　　　對向（路等..）
05. シオマネキ　　　　　　　　　　　　潮蟹
06. ムツゴロウ　　　　　　　　　　　　彈吐魚
07. 群をなす　ぐんをなす　　　　　　　成群
08. プロ　　　　　　　　　　　　　　專業、專業人士
09. チャレンジャー　　　　　　　　　　挑轉者
10. 引率する　いんそつする　　　　　　率領、帶領
11. 貸し出し　かしだし　　　　　　　　借出
12. 導入　どうにゅう　　　　　　　　　導入
13. レンタルサイクリング　　　　　　　脚踏車出租
14. テスト運転　てすとうんてん　　　　示範營運
15. 無料化する　むりょうかする　　　　免費
16. （ブームに）火がつく　　ひがつく　　點燃風潮
17. （河に）沿う　そう　　　　　　　　沿著〜
18. メーカー　　　　　　　　　　　　製造廠、製造商
19. トップ10　とっぷてん　　　　　　　前十名
20. （〜に）親しむ　（〜に）したしむ　　接近、親近

参考資料

淡江大学文学院『金色記憶：淡水学と事典』淡大出版、2002。

荘展鵬『台湾深度旅行ガイドブック2：淡水』遠流、1990。

瘳文卿編『淡水不思議』、新北市淡水古跡博物館、2013

趙莒玲『淡水心霊地図』、黎明、2005。

新北市オフィシャルＨＰ：www.ntpc.gov.tw

淡水区役所オフィシャルＨＰ：http://www.tamsui.ntpc.gov.tw

話說淡水

話說淡水

話說淡水

話說淡水

話說淡水

話說淡水

國家圖書館出版品預行編目資料

話說淡水 / 吳錫德編著；李文茹翻譯. -- 初版. -- 新北市：淡大出版中心, 2015.04
　　面；　公分. --（淡江書系；TB006）
中日對照
ISBN 978-986-5982-76-8(平裝)
1.人文地理 2.新北市淡水區
733.9/103.9/141.4　　　　　　　　　　　　103027050

淡江書系 TB006

話說淡水
淡水を旅しよう　　　【中文日文對照】

作　　　者	吳錫德
譯　　　者	李文茹
插　　　圖	陳吉斯
攝　　　影	吳秋霞、林盈均、邱逸清、周伯謙、陳美聖、馮文星
封面設計	斐類設計工作室
美術編輯	葉武宗
中文錄音	張書瑜、張柏緯
日文錄音	李文茹、木下朋實、張修齊
影音剪輯	方舟軟體有限公司－陳雅文
印刷廠	中茂分色製版有限公司

發行人	張家宜
社　　　長	林信成
總編輯	吳秋霞
執行編輯	張瑜倫
出版者	淡江大學出版中心
出版日期	2015年4月
版　　　次	初版
定　　　價	**360元**

總經銷	紅螞蟻圖書有限公司
展售處	**淡江大學出版中心**
	地址：新北市25137 淡水區英專路151號海博館1樓
	電話：02-86318661　　　傳真：02-86318660
	淡江大學—驚聲書城
	新北市淡水區英專路151號商管大樓3樓
	電話：02-26217840

ISBN　978-986-5982-76-8